I0749475

Jorge Hu

Dedicado a David y Delia Gámez

Y a la memoria de Rubén

Prólogo

Si son estos exquisitos poemas reflejo de experiencias propias o son meramente fantasías en la mente de un apasionado poeta, es para el lector lo de menos.

Se trata de -como en toda la poesía- de dejarse envolver, de dejarse llevar, de fantasear a través del sendero que cada poesía traza.

Sendero que Jorge Hu bosqueja y plantea de maneras extremadamente contrastantes, con una extrema inteligencia y muy honesta fijación en gran parte de su obra a la figura femenina como su objeto de amor: a veces apasionada, a veces elocuente, a veces descriptiva, a veces banal, a veces erótica, a veces doliente, a veces trágica, a veces depresiva, a veces social, a veces apasionada, a veces mística, pero siempre con una vena enormemente creativa, cuya finalidad es -o pretendería ser- la expresión de un hombre con una pasión incontenible por la vida que parece vivirla y expresarla cada día, como un verdadero artista intenso de su paso por este mundo: inagotable creatividad que pareciera no tener límites.

Cada poema es un reflejo de su "alma-intelecto" que en su contenido se vierte Jorge como un hombre apasionado e intenso, cada título es el marco de un cuadro pictórico-poético que incita a la reflexión, a la fantasía, a la desolación, o a la mera contemplación de las emociones que inagotablemente describe.

Horacio Franco
Flautista, profesor y director de orquesta mexicano

Estepario

Placeres

Capaz y somos más de lo que hoy somos,
es la sensación latente todo el tiempo en mi mente,
desbordo de ilusiones fantasiosas, podré suponer,
pero aun así me inoculan de alegría,
qué tal y seas tú quien comparta los momentos
inolvidables que en el futuro más agradezca.

¿Lo has pensado o soy el lobo solitario de la estepa
en busca de saciar sus ímpetus?

Cuán preferida eres que estás tanto presente en
retrato en las paredes,
y en el aire con sal de la brisa perfumada de la costa,
y cuando el paladar satisfago pensando seremos
comensales próximos en una mesa para dos,
y, aun, divago más lejos,
cuando eres el placer que mi pecho quiere tener,
cuando la carne se impone a los otros placeres.

Averno

Una noche más en vilo,
en espera del sonido que anuncie,
por fin,
el texto que tanto espero.

Después de no querer mi cama,
tan grande y vacía,
como el Sahara,
donde mi mente,
cual un cardo rodando a la deriva,
da la ansiedad que por ella me priva,
de la paz que ya no tengo,
con sus noticias escasas,
que nunca llegan,
construyo historias y pienso...

Si supieras de mis dolencias,
tal vez,
pudieras emprender el regreso,
donde un día fuiste feliz,
donde, después,
pasamos de la gloria al averno,
como un par de locos,
envueltos en vanidad,
que, a pesar de tanto amor,
no se supieron amar.

Hoguera

Regálame una hora de tu vida,
podría ser que te lograra convencer,
de lo grande que soy,
cuando, juntos,
en una casa de espejos,
descubras con poco,
los afectos que te tengo.

Ya prendido de ti vivo,
y te lo digo en cada verso,
mas, confieso que cada día,
requiero de tu calor en mi hoguera,
has cultivado, sin saberlo,
una flor,
que ya quiere explotar,
fuera de mi pecho.

Sólo falta el sol de tu rostro sonriendo,
al borde del límite de mi pasión,
para que emerja el tulipán,
que adornará tu florero.

Viaje

Desde aquí puedo volar,
y no parar de remontar distancias,
que me urjo a vilipendiar,
en astrales contubernios,
por el hoyuelo del pórtico,
o por el obscuro techo,
como los rayos de luz viajo,
me voy a procurar tu encuentro,
y no conforme con ello,
te cojo de la mano,
y conmigo te llevo,
aunque lo ignores,
o pienses fue parte de un sueño,
ahora sabrás por qué,
el olor a flores de tu cabello al despertar,
el sabor a besos en tus labios,
tal vez,
la memoria de tu piel,
te dé pautas,
de lo que pudiste sentir en Tailandia,
o Bucarest,
en Margarita o Tapalpa,
en cualquier playa,
desierto o montaña,
allí,
donde mi antojo explotó,
la noche de mis deseos cumplidos,
sin reserva y tu beneplácito,
en el margen del infinito.

Preludio

La ternura era expuesta en la expresión de tu rostro,
pero tus palabras hablaban de fuego contenido,
de apetito,
con tu pulso alterado,
supiste abrir también mi apetencia,
por cercar tu cuerpo como la enredadera al árbol,
florecida hembra que llama al estrepitoso soltar de
las cadenas,
del deseo para quererla,
al combate de caderas,
donde la candela nutre la cadencia,
donde mi desenfreno es el complemento.

Así,
comprendí que para encender mi sangre no
requiero más,
si sé que el amor mueve esa lumbre.

No arrancará de tu esencia la inocencia,
ni el tenerte mi gallardía,
si damos el paso,
al castillo sublime de la intimidad,
sin dudarlo, será el preludio,
para disfrutar de la vida.

Purgatorio

Un adiós en un recado de papel en la almohada
izquierda de mi cama,
en una orquesta de silencio envuelta con todo coraje
sin puntos suspensivos...
para abrir en canal mis carnes espolvoreadas con
sal,
para que el olvido cueste más de lo humano
resistible.

¿Qué más rencor obsequiado habrá antes del
purgatorio del desamor de las causas con defecto?

Del ayer promisorio,
recuerdos vagos embriagados con la revancha,
sólo quedan entre una maraña tortuosa,
la letanía cantada para deshojar de a poco día a día,
surge un clamor de piedad que no he ganado
todavía.

Hoy espero doliente,
la tardada paz o a la muerte,
lo que llegue primero.

Santuario

Por fin evitamos todos los ojos indiscretos,
de pronto,
la precaución de la evidente atracción,
delatante de dos pasiones encontradas,
de repente burlamos,
y así, frente a frente,
tan sólo separados por el temblor,
de estas pieles que quieren devorarse,
desde la desesperada espera.

Con todo el mundo fuera,
el espacio que nos puso solos fue el santuario y la
meca,
en el concierto de los primeros besos tímidos y
sedientos,
que escalaron *in crescendo*,
en la armonía total donde nos abrazamos tanto,
igual que tu boca con la mía,
queriendo navegar las olas de la mar inquieta,
sorteando la marea con los labios por barca,
y las lenguas por velas.

Toda la demora valió la pena,
esperar hizo agudo el apetito,
y tan hermosos los primeros besos,
que justifican ahora con amor,
lo que ayer sólo era deseo.

Insidia

¿Recuerdas cuántas tormentas nos pasaron por
encima?

Insidias y envidiosas lenguas,
hablando cuánto tardaría en acabarse,
lo que entre tú y yo tenemos.

Propios y extraños,
casi saboreando una derrota anunciada,
una dama de tu estirpe,
con este aprendiz de hidalgo,
sin más fortuna,
que el talento de enamorarte,
con todo su capital,
en el banco de los hombres con sueños.

No deberían poder amarse...

Pero la suerte,
echó los números de mi fortuna en tu seno,
y desde el primer suspiro,
que te robaron las líneas de mis versos,
decidimos jugárnosla juntos,
y después, si quiere,
nos perdone el mundo,
con sus reglas absurdas,
que al amor le importan nada y poco.

Ritmo

Con letras me enredé en un baile de ideas,
y al ritmo de tu ritmo sin métrica,
ofrecí mi respuesta indiscreta,
para no esconder,
los ríos rojos que alborotan mis venas,
dejando discurrir mi prosa,
entre pétalos perfumados,
con las ganas de encontrarte,
entre las líneas del poema,
con el final feliz que tienes pensado,
desde el día que descifraste,
el código de mi santo pecado.

Ayer

No es mentira,
puedo jurarlo,
ayer tuve veinte,
y todo era un regalo,
era osado y valiente,
cuando eran mucho dieciocho,
para en una mesa,
comerme al mundo,
donde se conoce todo,
lo que al paso del tiempo,
descubres,
es nada más,
que hambre de triunfo,
con más granos en la cara que sapiencia.

Y los años volaron,
bastó cerrar los ojos,
y vivir en el maratón,
de ayeres que pasaron,
y pasaron sumando lustros,
que de diez en diez,
se perderían en la bodega,
llena de remembranzas.

Si las huellas,
de todos los pasos,
no se hubieran marcado,
pensaría sería broma,
pero el juez,
que habita el espejo,

se niega a mostrarme,
al joven que fui,
sin embargo,
aun sin la tersura en la piel,
haciendo justicia,
al camino de las piedras lisas,
mi plegada piel,
y mi perdón al aire,
a veces me grita.

Cuán feliz he sido,
sin que tenga que reclamar,
que todo lo viví,
insolente,
con prisa.

Ficciones

Una noche más,
que entre mis dedos,
se escapan las caricias,
que no puedo sentir,
como fileros de hielo,
que cortan y queman,
la ausencia de tu calor,
me marca las palmas,
que te buscan,
más allá de los recuerdos.

Encima de las ficciones,
y en los diarios de sociales,
seguro estoy,
de saber amarte,
de las mil y una formas,
que cada media noche ensayo,
mientras invoco tu nombre,
clamando.

Pronto los relieves de tu piel,
me colmen de tus sabores,
mientras tanto,
mis manos se logran persuadir,
que es cuestión de tiempo,
mientras arribas,
para cambiar el matiz de la obra,
que a mis plegarias da forma.

Horizonte

Finqué mi raíz en la planicie,
con vista al horizonte en alto,
donde la tarde pinta,
con el viento al mando,
como un almirante,
director de orquesta,
al compás de su batuta,
meciendo las ramas de la foresta,
lo pedí y se me concedió vivir,
acariciado del fresco de la tarde,
con el cielo pintado de rojos,
que tiñen purpura,
el azul limpio del cielo.

Así, lleno de hojas brillantes,
mi tronco robustecí,
y llegaste y te plantaste,
en forma de enredadera,
sutil, poco a poco,
acariciando y abrazando,
envolviendo y trepando,
para vestirme de flirteos y cadencia.

Para un binomio perfecto,
qué bien me va el verde,
con que has adornado mi corteza,
y qué glorioso contemplar,
la magnificencia de la naturaleza juntos,
nutridos del mismo manantial,
como si sólo fuéramos uno.

Sagrario

Es una fiebre que corre,
por todas las vías,
es el pensar recurrente,
que infringe la cordura,
donde Eros rige,
y Afrodita gime,
que no ceja de estar en mi mente,
ajeno a la voluntad propia de evitarlo,
antes más, quiero vivirlo tanto,
que mis sueños se invadan,
también del clamor vivificante por tenerte,
irrumpir en toda tu forma,
decir es mía, mía,
reclamar mi conquista,
a costa de estas ansias,
que no negocian tenerte lejos,
del alcance,
del cúmulo de besos,
que te he reservado,
para inocularte,
a fin de que, en el tiempo,
también tu fiebre,
te embargue de la sed,
de amar amando,
de dar dando,
de sentir sintiendo a carne abierta,
como si la vida dependiera,
del suspiro de tus gozos,
en los momentos que estallo,
irrumpiendo en tu sagrario.

De plata y oro

Soy el fracaso del potentado que nunca seré,
mi cuenta vacía da fe de ello,
oro en mi piel sólo el sol es,
plata sólo las noches,
que reflejan la llenura del astro más bello,
pintando con brillo mi cabello,
pleno de canas,
cada día más pliegues en mi cara,
me dicen:

"Habla si es que logras articular palabras que rimen
con otras almas".

Y es entonces,
que me doy el lujo de aullar,
de estremecer el viento,
con toda la fuerza de mi aliento,
y divago entre prosas y versos,
me suelto, y a veces, culmino,
y digo, sin duda,
soy tan rico como el más rico,
aunque divisas no tenga.

Abrazos y no balazos

Abrazos y no balazos,
miserable sociedad sicaria,
de hambre, pobreza,
e ignorancia disfrazada,
sin fundamento,
en las plegarias de una abuela.

¿Dónde extraviamos la sonrisa de los niños?

Puertas cerradas,
la paz secuestrada,
las calles que no conozco,
me dan pavor por las niñas,
esperanza, no mueras,
abrazos,
abrazos hermanos quisiera,
no balazos,
no balazos,
por Dios,
que ya nadie muera,
que no mueran por morir,
ya el mar está muy rojo,
de sangre derramada,
sin embargo,
la luz es grande,
y grande la bondad de mi gente.

Para cambiar el rumbo,
aún queda tiempo,
para aprender a vivir,
sin balas,
sin metralla,
con amor o nada.

Calidez

Apelo a las argucias del delirio,
para poder despertar junto contigo,
recostarme en mi costado,
todavía sin luz en mis ojos,
ni ganas de abrirlos,
tan cerca de tu espalda,
que la calidez que emana,
sea casi una misma,
la tuya con la mía,
así, como siguiendo la lectura,
de una partitura.

Sincronizar tu movimiento,
que siento,
cuando la piel de tu espalda,
se une a mi pecho,
cada vez que inspiras,
respirando la calma,
así, unísono,
como inhalando un mismo aire,
unidos nuestros cuerpos,
ya confundidos,
sin distancia,
con piernas enmarañadas,
mientras,
mis dedos juegan con tu cabello,
hasta, de nuevo,
regresar al sueño.

Mi cielo

¿Dime cuánto me falta para ascender al cielo?

Al lugar de los encuentros en deshoras,
a la piedad de verte cual si fueras amorosa,
¿cuántas veces mi vehemencia gritará te necesito?

Sin más,
esperar los silenciosos cortejos,
de arrumacos tiernos,
y ascendentes hasta el delirio,
quiero saberlo,
justificar mi espera,
te pretendo completa,
sin dudas ni esquiva,
a fin de entregarme entero,
como ayer,
y desde el día que borré toda mujer,
que no eres tú,
que no me dicta,
las normas del deseo,
con cariño sincero,
que no finca palacios en el firmamento,
y que no llena mi ser,
con su talante en el amor completo.

Panoramas

Capturas fragmentos temporales,
envueltos en un giro minúsculo de lo eterno,
yo, que soy afecto a la aventura,
me trepo en algo parecido a un sueño,
hago mío lo que vieron tus ojos,
y recreo esos lugares,
ahora cercanos,
sin importar que estén tan lejos.

Henna

No volviste a saber de mí,
el abismo del rencor,
y tu osadía por seguir,
las causas imposibles,
obcecada, casi tirana,
con el corazón acorazado,
corriste la cortina de hielo,
te fuiste sin revirar siquiera,
tal vez hasta con una risa fingida.

Adornaste el borrador,
de mi futura acta de defunción,
no volví a saber de mí,
sin abismo, ni rencor,
cobarde, lisiado,
traté de ignorar hasta mi nombre,
pero a ti, grabada,
como un tatuaje de henna en mi frente,
indeleble,
te llevé siempre,
ocupaste mi resto de vida,
para irritar cada herida,
cuando el espejo me dice,
que todavía existo,
a pesar de mi insistente duda.

Frívola

Te extraño,
más que por tu ausencia,
por el proyecto de amor que serías,
el idílico enjambre de sentidos vivos,
en madeja unidos,
que idealicé un día,
y que, no más,
podrá ser.

Es de extrañar que,
más que no tenerte,
me duele lo que no hice de ti,
lo que no hice en ti,
lo que no fui en ti.

En tu defensa, abogo,
que ignoraste mi alcance,
y por ello tu frívola marcha,
y, sobre todo,
que seguro no mediste,
la desolación que en mí causaste,
al momento de tu atroz partida.

Isla

Déjame contarte,
cómo se fraguó el encanto,
podrá ser que me entiendas,
entre paredes que confabularon,
para crear un espacio,
donde el centro,
como en un castillo,
situado arriba de un abismo,
de riscos rodeado,
o, tal vez,
una isla en medio de la nada,
tragando obscuridad en rededor,
iluminada sólo por la luz de una vela,
de tibia llamarada,
se situó nuestra cama,
ella, completamente desnuda,
de no ser por el libro de poemas,
que le vistió como un traje de gala,
mientras leía mi poesía.

Absorto,
escuchando los versos que una noche,
inspirado en ella,
emergieron de mi flama,
tan cercana entre sábanas,
parecían notas de una melodía,
hecha de miel y oro,
con el timbre de su voz,
que logró que olvidara de verle,
para deleitar mis oídos,

porque créeme,
y sólo un poeta lo sabe,
no hay nada más sublime,
que una mujer enamorada,
que tus versos declame,
con cadencia y entregada,
en la intimidad de una cama.

Ser nada

No termines nunca,
de sacarme de tu corazón,
si intentas hacerlo,
que sea poco a poco,
será la muestra de compasión mayor,
de lo contrario,
la bruma envolverá,
mi apesadumbrado esqueleto.

Te lo supliqué argumentando,
que ya sin ventura,
tendría pocas agallas,
para salir del fracaso de hombre,
mas tú,
sin piedad escapaste.

Hoy apelo a la memoria,
de los momentos,
donde decías tener dicha,
cuando tu entrega me hablaba,
de infinita adhesión de tu cuerpo,
en planos astrales,
con mi alma en pasión jugada.

Sin pericia, omites mi súplica,
para encontrarnos desplomados,
rodeados de penurias e injurias,
en el valle de los indiferentes seres,
que hoy dicen ser nada.

Tú

Son cosas tuyas y mías,
que no se entienden,
si no se sienten,
incapaces serán aquellos,
de dominar mis palabras,
y su rumbo,
si su mundo es tangible,
traficamos en la zona,
de códigos maestros,
salidos de ideas vagas,
que terminarán aterrizando,
en una página,
que podrá desencadenar sentires,
en lejanos y desconocidos corazones,
de buen y mal alid,
aunque sólo tú,
la verdad,
interpretas tan precisa,
al punto de responder,
lo que mi intuición ya sabía,
para alimentar el fuelle,
que provoca el fuego de mi poesía,
cuando mi poesía eres tú.

Cotidiano

Alimento mi mente,
con mi ansia por verte,
cosquillas invasoras de mi vientre,
cual enjambre de monarcas,
saber qué se siente tu tacto,
y besar tu frente,
dedicarte una tarde,
tomando un helado,
en cualquier calle,
salir de teatro,
o convidarte a respirar,
del campo su aire,
y verte sonreír porque sí,
cuando la vista de un ocaso nos alcance.

Tomados de la mano,
un día cotidiano,
solos,
sin la prisa del mundo,
mucho menos cuando,
cerrados tus ojos,
confíes que mis labios,
buscarán de los tuyos.

Lento

Antes de entregarte toda,
déjame cortejarte,
deshojar pétalo a pétalo,
tus enigmas y deseos,
deja hacerme el galante,
no me des tu flor todavía,
quiero cultivarla cada día,
sin prisa,
cuando tú lo hagas interesante,
deja que el vuelo del pensamiento,
inspire junto a tu aliento,
lo que vendrá,
no con arrebatado instinto,
pretendo me extrañes,
y que esperes ansiosa,
el siguiente encuentro,
quiero tu avidez apasionada,
con la espera de la próxima cita,
déjame amarte lento,
cubrir con detalles tus momentos,
para que florezca tu cariño,
no pretendo desechables,
y furtivos arrebatos,
que sacian los ímpetus,
y abandonan sentimientos,
déjame palpar tus nervios contenidos,
fluyendo por tu mano,
y que el deseo de tus labios,
construya catedrales con tus besos,
déjame amarte lento...

Así, cuando las espigas doradas,
exploten incontenibles,
te entregues entera,
sin freno y por completo.

Sólo contigo

Yo,
que supe del amor,
cada día sin vivirlo,
cuando cualquiera,
en noches,
donde pertenecer,
sin alma en juego,
apareó sus ímpetus con los míos,
en encuentros tan vacíos,
que fueron nada,
cuando el fuego era extinto.

No pude reprimir,
ocupar en lapsos,
los abrazos que no sanan,
y, a base de sentidos acomunes,
marqué con sus huellas mi piel entera,
dejando al aire los deseos,
de encontrar la lectura,
de los cuerpos sin amor,
que, en simulacro,
jugaron a saciar su hambre,
entre besos sin besos,
confundidos de sentimientos,
sólo superfluos.

Luego llegas tú,
rompiendo esquemas,
a mi discernimiento,
de lo que significa la real entrega,

mostrándome el camino nuevo,
donde amar une,
donde la prisa es ausente,
donde la comunión es perfecta,
donde la verdadera cara del amor es expuesta.

Tantas veces,
tan sólo con pensarlo,
satisfaces mi apetente cuerpo,
y en el mundo, extasiado,
cuando tu entrega íntegra,
la haces en mi pecho,
confirmo que el amor,
sólo contigo lo he hecho.

Estar en ti

Entrar como la raíz a la tierra,
abriendo camino,
acariciando suave el sendero,
haciendo la unión que nutre,
creciendo vía adentro,
tejiendo redes que el dolor disipan,
cuando el tejido te abraza,
para conjugar el binomio,
de unión perfecta,
mientras se cimbra la tierra,
y el río de sangre,
te lleva el alimento.

Llena de vida querrás más,
orgullosa de hacer crecer el tallo fuerte,
vigoroso, unida a ti,
en complicidad del viento,
en busca del sol,
explotarán, al fin,
en la tormenta,
que traerá la humedad de paz,
gota a gota,
del océano impetuoso.

Dama

No puedo negarlo,
verte feliz,
me complace como hombre,
cuando lo actual dicta,
iguales modernos.

Moldes somos,
femme et homme,
duda no cabe,
que semejas sentirte,
protegida entre mis brazos,
sin detrimento de tu valía,
y lo gozamos.

Cobijo buscas en mi pecho,
rodeándote de mis brazos,
como en un nido,
te acojo a corazón abierto,
ancho, elongo,
tu guarida de carne,
sangre y huesos,
calor tibio te doy,
te confortas acurrucada,
gimiendo,
y como rúbrica tu sonrisa,
que me dice estás satisfecha.

A fin de cuentas,
ser mujer es fácil,
cuando un varón sabe ser viril,
y la dama, entonces,
es la reina,
que a sus pies tiene al reino,
y al rey.

Portal

Supongo,
el mundo no es diferente,
¿pero qué le pasa a la flor y su perfume?,
colores más vivos de pétalos tienen,
fragancias que embelesan como nunca,
hasta la luz del sol es distinta.

Todo diverge de ayer,
desde el momento que te besé,
de repente cambió el entorno,
estremeciéndome con un rayo fulminante,
que trastocó cada parte de mí por unos instantes.

Sordo,
y rodeado de puntos de luces y obscuros,
danzando en rededor,
filtros cambian el aire,
que inundan mis poros al respirar,
me hice tan alto,
que toco con mis dedos Capricornio y Aries.

Ni ruido ni gritos,
todo es amable,
embrujo de labio y saliva,
conjuro,
atracción,
cariño,
deseo...

Seguro, es el portal del cielo.

Cáliz

Tu cáliz continente del vino,
que moja mis labios,
cuando la sed más agobia,
tiene las primaveras inmersas de los años,
que pasaron frío,
ahora expelen,
el vapor propio,
del hiberno tardío,
que rebrota,
a la luz de nuevo.

Emociones

El mundo está muy gastado,
las pieles erosionadas,
los corazones desgarrados,
no compliquemos con quejas,
te confieso, no me interesa,
porque cuando te veo lo olvido,
y creo en lo bueno,
en lo puro,
y en el sereno que, con rocío,
refresca el gusto por vivir.

Cada que brilla en el cielo un lucero,
en la paz que me das,
como la quietud del mar,
apenas con viento que lo despeine,
ven, susurra a mi oído nuevamente,
y viajemos lejos,
donde todo sea nuevo,
allí, donde el olvido,
no alcance a salpicarnos,
donde la risa domine,
y, si es con llanto,
que se derrame de la emoción,
y no por quebranto.

Incontenible

Ojalá y tengamos más vidas,
y lo que por ti siento,
ya lo hubiera vivido muchas veces,
y que fuera incontenible,
aunque sufriera por ello,
aunque te perdiera,
regresara siempre a tenerte,
como ahora te tengo.

Que se repita siempre,
setenta veces siete,
y que en cada encuentro,
te haga mía,
cual si fuera la primera,
porque injusto sería,
que tanto sentimiento,
cupiese en una sola existencia,
porque, para amarte,
no me basta una vida.

Lo sueño

Cuando el mundano ruido me grita:
"ten, gana, triunfa, ríe, posee",
no lloro como quisiera,
ajeno,
quiero no pertenecer,
alejarme de la foto,
del pudiente que compra con saliva,
amarga las sonrisas,
y se viste de moda obscena,
piraña e insulsa,
quiero de sol disfrazar,
mi cabello y mi piel,
cada día más vieja,
que siente los temblores,
y que denosta los placeres artificiosos,
en pos de la gloria maldita,
de los centavos y las cripto monedas,
borregos que sólo lloran,
su seguro holocausto.

Fuerza apelo al trueno,
y al viento,
para no temer a la calle,
como un niño silvestre,
exalto al perro,
con sed en el asfalto,
callejero de cepa,
y espero mi destierro,
a la cuenca de los harapos,
de la carencia con honor,

de ser libre,
y poder gozar,
de las radiografías,
de Chanel y Ferragamo,
adornadas con grafiti.

Íntimos

Deseo tus momentos íntimos,
donde hembra sabes ser,
donde sabes hacerme crecer,
donde seas tan libre,
que las ataduras se diluyan,
donde seas tan tú,
que dudes si antes lo has sido,
que te entregues sintiendo,
perteneces a ese cariño,
en el espacio donde cohabitemos,
busco que tu apetito se torne,
en dulce elixir que colme,
tu lado creativo,
y me incite a probar,
mil maneras de amar,
para llevarte al clímax,
mientras mi maná te entrego,
emulemos a la mar en su danza,
y probemos,
lo que el fuego puede forjar,
cuando dos saben que adorarse,
es el arte de complacerse mutuamente,
ignorando si el mundo,
sigue rodando,
con sus costumbres y su gente.

Confianza

Sólo en ti confío ya,
porque estás en lo más alto de mi estima,
por tu rostro benevolente,
que despierta mi parte tierna,
y motiva a lo más alto llegar,
por tu forma de suplirte de vida,
por tus huellas y tu osadía.

¿Cómo no asirme a tu cariño?,
todo lo bueno da vueltas,
en el carrusel de la ventura,
donde me encuentro,
porfiando tanto,
en busca de la mujer que recreé en mi delirio,
y que bien supe,
eras tú desde el primer día.

Ahora todo no importa,
sólo el matiz con que pintas de luz mis días,
para dejar de pensar en el trayecto rocoso,
que marcó mis plantas,
todo valió la pena,
si ese fue el costo,
de tenerte cerca de mi vida.

Palabras

Dame letras,
y edificaré un universo privado,
donde retoñarán,
los tallos del tejido de locuras,
que se conciben a solas,
tantas veces,
como delirantes pensamientos,
que en forma gentil disfrazan,
nuestros monstruos internos,
y otras tantas gritan,
los mantras más serenos,
que a nadie diremos.

Total

Porque eres capaz,
de querer más,
mucho más,
que cuando lloraste,
por quien no era,
más que quimera,
espejismo insulso,
seminario de la corteza,
que hoy te acoraza,
quién sabe por qué,
pero los momentos totales,
no siempre llegan,
a tiempos tempranos,
los caminos,
están llenos de escollos a veces,
y toca vivir el placer vivo,
cuando los frutos no pueden,
más que saber sólo dulces,
y ya las ramas no los sostienen,
hoy no hay otra bifurcación,
así que cree y vive,
¡vive!,
entera y sin temor,
hoy segura estarás,
que puedes decir, conseguir,
con sonrisa en tus labios de fuego:

"Tomo el querer en mis manos, y querré tan fuerte,
fácil, perenne, sólo, sólo a quien lo merece".

Colomos

La flor expelió su aroma,
enervando tus afanes,
apenas despertada al alba,
entre aceites frotados,
en carnes ávidas,
explorando alcances histriónicos,
casi épicos,
explotando en tu andar,
pasos que cimbraron,
las formas de irritar el nervio,
palomas revuelcan,
volando en tus venas,
el ansia que incita tus sentidos,
mientras despliegas el deseo al aire,
paso a paso,
en el sendero subes al cielo,
y sostienes con uñas y dientes,
salando tu saliva,
al compás del sismo,
tiemblas y gritas,
con mi oído por testigo,
contagiado del trance,
ilógico y único,
entre vaporosos pinos,
y colomos elegantes,
terminamos a un tiempo,
una mañana,
el furtivo y singular encuentro,
en un boscoso camino.

Ajedrez

Sábelo,
me gusta lo nuestro,
donde te veo mía,
sin expectativa,
donde te quiero en secrecía,
porque me tienes cuando quieres,
donde te espero a diario,
donde sé que vendrás a encontrarme,
en cualquier momento,
alegrarme,
porque aquí como nadie,
a mi modo te sientes muy querida,
donde te alcanzo,
con versos tu alma,
donde en mí confías,
como en un ajedrez,
puedo cuidar tu reino,
cuando des jaque mate,
o cuando requieras un beso,
donde te causo sonrisas,
sin alterar tu vida,
más no me resigno,
que no llegue un día,
en que tus ojos reflejen mi vista,
y muy cerca de ti te diga:

"Terminó mi espera, hermosa mía".

Mujer

Cuán difícil o fácil sea,
mujer, hembra,
dama, niña, señora,
serlo ahora,
tiempos inciertos,
aventajas con hazañas,
o te sometes al temple,
y caes sin ser débil,
abres puertas,
cierras ciclos,
admirable, fehaciente,
cuando no sabes,
si es un zalamero dicho,
o te atosiga,
degradándote a cosa,
pero brillas,
no por ser costilla,
a tu modo,
en tus mil cuerpos,
sal y pimienta del mundo,
concebida par,
no complemento,
no compañía,
del hombre indulgente,
o del cretino.

¿Cómo saberlo?,
si estás en el ruedo,
junto a los varones,
que aprenden a serlo,

o no,
¡ah!, mujer,
cultivas serlo,
desde temprano,
aparta tu mano del gusano,
y extiende tus brazos,
a quien lo amerite,
o fulgura sola si lo precisas,
y verás que en la vida,
edificarás un mejor mundo,
de equidad y correspondencia,
en tu papel estelar.

Mujer,
mujer,
mujer para siempre.

Día perfecto

Prefiero la noche,
por tu proximidad sin nadie,
el día por la luz,
con que cubres el sol,
tu semblante gozoso,
dando armonía a mi ser inquieto,
y la tarde por el hambre,
provocante,
que me impulsará a desear,
apagar la lámpara del buró,
a la hora de desconectar al mundo,
para que mi vista te busque,
en la penumbra que terminará de dibujarte,
cuando desinhibida despliegues,
tus alas al encuentro,
de lo íntimo tan nuestro,
y así,
dar colofón a un día perfecto.

Te quiero

Hoy fue un día extremo,
no raro,
fue creciendo,
en horas lentas,
casi de asfixia,
desasosiego sentí,
por quererte en mis brazos,
lo dijo mi sangre,
que no encontraba su lugar,
mi boca desierta,
seca, sin lluvia ni viento,
mi mente distorsionando,
historias románticas,
lanzando dardos con curare,
a mi corazón constreñido,
pero sumamente palpitante,
para sedarle,
a fin de no extrañarte,
y ya, por fin,
conciliar el sueño.

Yo,
que dueño de tu bullicio,
me siento tan solo,
por querer el cielo,
desde el día que dijiste: "te quiero",
me dio el bien tu expresar,
para crear un mundo nuevo,
donde, si estás tú,
nada más yo requiero.

Te espero

¿Cuánto falta para que cierres los ojos?,
para que veas mis adentros,
sin líneas y sin forma,
con la vista que no ve la luz,
pero interpreta más los relieves,
como un libro romántico en Braille,
repasado por el tenue tacto de dedos con ojos.

¿Qué falta?,
para dejarte llevar,
por la calma de mi intención,
en las aguas gruesas del mar muerto,
y olvidar el insulso ruido,
de la ciudad mundana y estéril.

Ya sabes,
que el día mejor que ayer,
vacíe las cuencas de mis ojos,
y me entregué a la espera,
de que vengas completa,
a reclamar este amor,
que engendraste en mi pecho,
y que busca florezca,
la siguiente estación en tu seno.

Inmortal

No sé si estarás siempre,
cada día,
o si tu deseo sea estarlo,
hoy aquí te tengo,
y me basta para cumplir con la vida,
no quiero atribularme,
con la sentencia condenatoria,
que te descamine de mi vía,
quiero, sí,
recrear el irreprochable manantial de dulzura,
que enmiela el vaho que compartimos,
cuando cercana estás de mí,
sólo un día cada vez,
eso es suficiente,
con ello puedo erigir,
tantos momentos afables,
para que en dicha vivas,
y, por ende,
me colme,
de lo que viven los inmortales.

Joya

¿Cómo dudar que amas la vida?,
si ella no deja de cortejarte,
cada día,
te muestra las cosas plenas de belleza,
te adorna con ellas,
entonces,
eres espejo de las cosas bonitas,
y vistes de alegría al viento,
así, tu melena castaña,
flanquea tu erguido cuello de Cibeles,
para enmarcar el rostro,
que sólo armoniza con la luz,
y tu esbelta figura perenne,
mientras,
el encanto de tu mirar sereno,
hechizante conjuga,
la armonía de tu faz,
de nariz y boca colocados,
como un maestro orfebre,
que engasta las gemas en el diseño,
de una joya preciosa.

Era un sueño

Tres de la madrugada,
el paso de la dicha,
a perder la sonrisa,
por un instante,
en unos segundos,
descubrir que era un sueño,
cuando volamos juntos,
tan sentido y vivido encuentro,
sólo me invita,
a conciliarme pronto con Morfeo,
y, con suerte,
vuelva a encontrarte en otro viaje,
de nuevo,
acomodo mi cuerpo entre almohadas,
mientras me quedo dormido,
en ti pensando,
listo para emprender el vuelo,
que me retorne a tus brazos.

Contigo

Sigo afín a ti,
en los momentos grandes,
cuando,
en sincronía,
danzamos entregados,
como péndulos que chocan,
en un vaivén punzante,
queriendo beberse,
cada gota de sudor y sangre,
siempre con el hambre,
que incita crear,
esculturas en el aire,
entre cataclismos,
que se derrumban cada vez,
mientras renacemos una y más veces,
espada en harakiri mi alma,
se interna en el grial,
y en bandada mil palomas,
que al vuelo se proyectan,
al paisaje de tus deseos,
mereces tanto y lo creo,
y en devoción al sol y la luna,
ofrendamos,
hasta el final de nuestras fuerzas,
exhaustos,
como náufragos a salvo.

Boceto

Más allá de lo ordinario,
más que el comercio,
y las cosas de moda,
te encuentro entre las ideas,
en lo etéreo,
lo intangible,
allí,
donde todo es diferente,
sin peso ni precio,
donde se hace el cariño,
donde se dé tu lealtad,
donde conozco,
que mi confianza da frutos,
y que eres diferente.

Te esperé antes de conocerte,
y media vida se me fue,
interpretando códices,
en rostros que terminaron no siendo tú,
pero el azar tiró al aire,
los dados una tarde,
y llegaste sin tú saberlo,
a finalizar el boceto,
que terminó por dibujarte.

Hoy sé que algo en ti,
te dice al oído,
que contemples mis ojos,
para que sepas,
que puedes contar siempre conmigo,
sin regate.

Premura

Actuamos,
como si el transitar por la vida fuera eterno,
las golondrinas emigraron,
y los cielos llovieron ya,
y faltas tanto aquí,
cada madrugada,
que muero por tenerte,
y damos más tiempo al tiempo,
entre lo que no nos une.

Yo que siento sin ti en mi ayer,
es tiempo muerto,
ansío alas tener,
y traerte a mi huerto,
para beberte sin freno,
despertar junto a ti,
en un cálido lecho,
abundante de ventura,
con toda la premura,
que da lo incierto,
para encontrar, entonces,
la calma,
pero ahora,
preciso tu prisa vida mía,
ya no tardes,
no sea que en el mañana,
ya no me halles,
no tentemos la fortuna,
y hagamos que suceda,
el anhelo mutuo,
de amarnos completos,
estando pronto juntos.

Cansancio

En mis desvelos,
en la frontera,
cuando me vence el cansancio,
eres más mía que nunca,
a esta hora más,
mucho más,
porque nada me impide,
sentirte cerca,
ni siquiera la distancia,
porque ésta se disipa,
cuando cierro los ojos,
y te abrazo con fuerza,
sin pensar que es irreal,
entre desvarío,
y alucinaciones,
me las arreglo para encontrarte,
aunque tú no lo sepas.

Madeja

Tú caminaste tanto,
por mi parte,
crucé todos los caminos de frente,
nada decía explícito,
que tú existías,
sin embargo,
la madeja de hilo,
que da vuelo a tu vida suelta,
con cada uno de tus pasos,
tu devenir,
y quién dijera,
que un día de tantos,
te vería sin verte tanto.

Después,
la historia del libro de las coincidencias,
abriría una página con un primer "hola",
siguiendo con la historia,
que nos puso de frente,
contra todas las vidas posibles,
sólo hoy me queda decirte:

Gracias por cruzarte en mi destino.

Martirio

No quisiera estar lejos de tus desvelos,
en esas madrugadas que,
al fragor de tus festejos,
lejos de ti me encuentro,
no asistir a tu lado es mi martirio,
quisiera viajar en tu mente,
para no sentir el vacío,
en mi torso que hunde mi ombligo,
por lo menos,
y arrancar el reseco de mi garganta,
que esfuma mi gozo,
suponiendo te diviertes,
y olvidado en un confín,
perdido,
divago,
sólo con tu rostro en mi mente,
mientras tú haces la vida,
que sueño nos fuera compartida,
alejada de aquí,
y tan lejos de mí,
pero constante en mi memoria.

Deber

Tú y yo no debimos conocernos,
salvo la distancia en millas gigantes,
ya es motivo para un desencuentro,
distante es también el cielo,
en que habitas, tan lejano,
del corriente suelo que recoge mis huellas,
tú, tan linda,
con el mundo que te erige,
llena de luz,
y yo en batalla,
con las nubes negras,
tú, mi mayor sueño,
apenas reconoces mis gritos,
que te dicen:
"aquí estoy"
sólo que el orbe es ajeno a la lógica,
y así,
y todo en contra,
unión sin algo que dibuje un final venturoso,
nos encontramos en el momento,
que definió mi afán por tenerte,
y sin oponente,
se firmó sentenciante,
la ilógica historia de dos extraños,
que dejaron de serlo...

Tú y yo no debimos besarnos.

Ya no

Arrogante,
tus desplantes,
hoy que te sabes fuera,
sin mella en mi piel,
ya no sufro por tu causa,
ya puedes bajar tu artillería,
ahora,
soy todos los mundos que no te incluyen.

Quizá te pueda doler,
saber que el amor caduca,
y mi causa contigo murió,
cuando burlaste mi aliento,
en pos de la estima que encogiste,
para hacerte tan pequeña.

Te digo,
mi querer has perdido,
evita destilar bilis,
e intenta olvidarme,
porque a mí,
ya no podrás dañarme.

Mi libertad

Libre soy hoy día,
que el techo lo disputo en las calles,
o en los puentes,
cuando el frío recuerda a mi piel la melodía,
del tiritar de dientes,
esperando el rayo de sol sublime,
que me invite a moverme,
allí conozco la lealtad,
cuando comparto el pan duro,
que alcanzo a llevar a mi boca,
sin prisa,
hablando con los pájaros de madrugada,
hago festín de la basura,
y muero de risa,
viendo lo que el dinero no compra.

¡Ah!, libre de los lazos,
sólo la aventura gobierna mis pasos,
acaricio y protejo entre harapos mi libreta de
poemas,
que tal vez,
con suerte,
me trueque la comida del día...

Hoy lo soñé
y podré, tal vez,
alguna mañana realizarlo,
el tiempo que mi cobardía,
la abandone en el tapanco,
cerrando la puerta por fuera,
para no volver nunca.

Y así,
entrar al hogar,
de los que no tienen techo,
de los que no le temen a la lluvia.

Piel con piel

La bondad del calor,
transpirar al ritmo agitado de la mar,
de vientos que parecen hablar,
vapor emanado de fricción,
amar, amar es concebido,
cuánto quiero estar contigo,
apremiado,
con la prisa que no obedezco,
me rindo, nunca,
pienso,
pero a tus pies,
que tanto quiero,
me debo.

Brisa invisible,
perfume salado enerva el encanto,
de las lides que contendemos,
cada encuentro,
para vencer el hambre de cuerpos,
con amor de labios,
y complementos saciados,
al calor sazonados,
enajenados del concierto,
de la copla de piel con piel.

Ímpetu

Sigue la intuición de tu espíritu,
cuando te ponga la bandeja de plata,
que tiene mi corazón delante de tu vientre,
mide el ímpetu de tus arterias,
y si tú sientes ansias con calor,
que pulsan sangre nueva,
no frenes,
no cohíbas los sí,
aunque el temor de lo incierto te cause cautela.

Entrégate,
no te guardes nada,
desboca el frenesí que miente miedo,
y haz un hueco a mi talante apasionado,
que yo sólo el bien te devendré,
suelta tu instinto como la golondrina,
que busca la primavera a toda costa,
cruza la tempestad,
que desdibuja el oasis a ojos ciegos,
que mi mano no te soltará entre los vientos,
y haré de mi pecho el escudo que te dé cobijo,
sólo a cambio de que sientas,
que quieres que comparta tu destino.

Ángel caído

Cuando los demonios tuercen las formas,
y entonces,
ella,
que le diste el cielo,
con todas sus luminarias,
en un anillo ceñido en su dedo corazón,
y dejaste el barrio,
por seguirle los pasos,
desdeñaste los cariños de antaño,
y olvidaste la querencia,
siguiendo sus contracciones,
que sofocaban tus incendios,
inmerso en su contorno sinuoso,
y la belleza de su rostro,
para que, de tajo,
muestre una noche la crueldad,
y pisotee la foto del recuerdo,
y escupa veneno en tu cara,
cuando ya no puedes levantarte,
antes que auxilio,
una palada de tierra revienta en tu cara,
dejándote caído y exhausto,
quien ayer fuera un ángel blanco,
bajo su túnica brillante,
como Peris amante,
escondía a un ángel caído,
disfrazado de la belleza perfecta,
para cuando cuenta te das,
ya es tarde,
porque habrás perdido todo deseo,

y la fuerza para de nuevo levantarte,
los demonios tuercen las formas,
los demonios suelen ser buenos amantes,
hasta que te pudren el alma,
como en el infierno de Dante.

Puente

Asumí el reto,
trepé a la cumbre escarpada,
descalzo y desnudo,
vituperado,
con mis oídos saturados,
por los vociferantes alaridos.

Mi llanto,
rojo teñía,
las afiladas salientes rocosas,
mas los insultos crepitantes,
que inflamaron las venas de mi cuello,
daban fuerza a mis dedos aferrados,
a la rugosa columna de piedra,
sólo trepé temblando,
sin mirar que cada paso,
me empujaba lejos.

Al respirar,
ya no lleno mis pulmones encharcados,
pensé llegar salvo,
aunque maltrecho,
para encontrar sólo una cuerda floja por salida.

Ya no pude llorar más,
porque mis ojos estaban secos,
como para enjugar mi pensamiento,
ahora, mi escape final,
era un puente de lazo torcido,
como mis ideas.

Sin pensarlo,
afronté mi primer paso,
cuando,
al otro borde del abismo,
divisé la luz de tus ojos,
que con ternura me vieron.

Sólo me quedó entonces un camino,
y sin temor,
comencé a andar,
para cruzar la distancia,
que me separaba de ti.

Desasosiego

Mi día hecho un caos,
el ruido,
el tedio,
y las fobias gritando en mi espalda,
vulnerado,
y sin ánimo,
en las piernas de plomo,
y pulmones con agua,
estrecho mi vista,
hasta quedar dentro,
de esta cefalea,
que no cesa.

Impotente,
sin protesta,
con mi debilidad a cuestas,
con la culpa del mundo,
me exculpo como penitencia,
de frustrado ente,
ya adivino mi temor a la cama,
que abrirá mis ojos,
para fastidiarme,
otra noche en vela...

Retorno a casa,
con ganas de no hacerlo,
en el camino encuentro un perro,
jugueteando con un niño,
frente a mí,
le lame la cara,

y el infante, sonriente,
me mira con la ternura de sus ojos negros,
en plena noche de luna llena,
el reflejo de los rayos de luz,
iluminan su carita sucia,
ahí comprendo que hay esperanza.

Y, encogiendo los hombros,
vislumbro que los malos días,
de a poco,
se irán yendo.

Falaz

Para qué diablos escribo ya,
lo que varios dicen es poesía,
para mí no son más que frases sueltas,
que no sé quién me dicta,
no las pienso,
no las siento,
son inercia sin fundamento,
no me dicen nada,
desde el día negro,
que se llevó mi alegría,
enfundada en botas y minifalda.

Se fue de madrugada,
con su perfume puesto,
y un neceser con nada,
aunque luego, en desvarío,
me invento la amante otra vez,
que me trasfunde su fuego,
le adorno la vida,
con todo lo bello,
y nos hacemos el amor,
en cualquier lado.

Entre mirra y jazmines,
me amamanta y me cuida,
me llama a la vida,
no sé por qué lo escribo,
pero al margen entiendo,
que es falaz,
que no lo siento.

Porque reconozco, sí,
que cada palabra la vivo,
y que al igual que yo,
habrá otros que al leerme,
les provocará un suspiro.

Mecenas

Encantaste a la serpiente,
que reside en mi entresijo,
mi voluntad se plegó de rodillas,
con la taumaturgia que brota de tu mirada,
presumí hombría y me jacté de indomable,
yo, que fui mil veces a camas inexpugnables,
que burlé las trancas,
y libré las trampas de muchas hembras,
ni bueno ni peor fui,
sólo seguí los instintos sin mesura.

Hoy soy la mitad de mi voluntad,
porque vivo del tesón de tu pecho,
y claudico por nutrirme de tu savia,
cuando te brindas en un cáliz,
en cada una de nuestras últimas cenas.

Te hiciste mi mecenas,
y vivo por y para ti,
sin reservas,
bien lo sabes,
me tienes en tus manos,
y al llamado de tus piernas.

Madrugada

Entre el último sueño,
el cóctel de blancos y almohadas,
sin filtro de luz por las ventanas,
calidades dentro de la frazada,
consigo de a poco ver,
a través de un ojo a medio abrir,
muy borrosa tu silueta,
a un paso de mi cama.

Lentamente,
como una instantánea foto,
se me revela,
todavía con sopor de sueño,
tu imagen en bata,
para cubrir tu espalda,
como una capa blanca,
dejando nada a imaginar,
todo tu frente desnudo,
digno de ser esculpido,
para vivir eternamente presente.

Así, mis manos con alas prontas,
vuelan hasta las tuyas,
para traerte a mi territorio,
y como una ola que regresa a la mar,
lentamente,
ocupas el lugar que te acopla,
al espacio que comparte,
los secretos de dos,
pieles con magneto antes del café,
que harán un día más.

Camino

Preferí,
antes del amor de mi vida,
al amor de mis ratos,
y de tanto en tanto,
caí en la cuenta,
que construimos sin apegos,
la relación que,
ni siquiera soñamos.

Dimos pródigos cariño,
sin más interés que vivirlo,
cuanto no planeado,
nos resultó perfecto,
te vi crecer a mi lado,
y paso a paso,
a la par,
nos hicimos el camino,
que nos trajo, ya,
tan lejos.

Soplo

Aire,
sí, fuiste el viento,
no me explico otra coyuntura para definirte.

Despegué del suelo mis pies,
por flotar con el impulso de tu soplo,
que para volar me dio el respirar,
como preámbulo,
alvéolos pletóricos,
rosados con tu aliento,
como el soplo de Dios,
me despertó a la vida misma.

Así,
el alimento gané cuando,
en mi piel,
empujaste,
para remontar tan lejos,
como una semilla,
que busca buena tierra.

Del norte al sur surcaste,
y yo,
como cometa sin hilo,
dejé a la deriva mi destino,
porque, sea el que sea,
que esté en tu compañía,
sé que valdrá la pena el vuelo contigo,
designio y albedrío.

Coqueteo

No te atreviste,
o fue táctica de guerra,
no pedirme lo que querías,
y no hizo falta,
pero la insinuación,
te mostró como artífice,
de la más fina coquetería.

¿Cómo no rendirme?,
sin descaro,
sin darme armas para un embate seguro,
hiciste de la incertidumbre un arte,
que abundó de más,
de ti mi deseo.

Tan bella siempre,
con recato,
supiste inyectar néctar con tu trato,
al grado de volver a diario,
con fervor,
por estar cerca de ti,
borraste mujer alguna,
que no fueras tú,
y única en la plaza,
sólo tus labios,
fueron carne de besos,
que más deseados,
nunca fueron otros.

Flores

Hablemos de flores,
labios,
pétalos,
botón que abre,
al sol un beso,
pistilos,
lengua,
germen de la vida,
de agua la saliva,
aliento,
polen,
injerto de dos bocas,
caliente vaho,
brotan,
explotadas de colores,
buqué con todas las noches,
regalo de la vida,
de primavera al invierno,
y de luz y la sombra.

Hablemos de flores...

Felina

Juegas como niña,
y me despiertas ternura,
incluso tus juegos los infiltras,
de la manzana del Edén,
con calidez en avanzada,
tu desnudez me atrapa,
lo bello siempre atrapa,
juegos de manos,
colgada a mi espalda,
tu cabello en mis hombros,
tus dedos buscando mi boca,
besos fallidos,
algunos otros tocando el dorso,
y tus palmas,
piel de tu pecho es una con mi espalda,
que se eriza y tú lo notas,
te siento,
cuando tus piernas,
atenazan mi cintura,
ya no quiero soltarte,
ahora,
cual felina aferrada,
de su presa devorando,
te viras para ponerte cara a cara,
en los portales,
de todos los besos imaginados.

Traición

Desde que te conocí,
sin merecerte,
no soltaste el timón de mi barca,
y juntos remamos contra corriente,
y llegamos a buen puerto,
inexpertos,
vivimos lo que pudimos,
noveles amantes impares,
tu amor lo hice mi juego,
y tú, sin límite,
le diste el norte,
cual estrella polar,
a mi travesía incierta.

Yo, con ojos ciegos,
y sangre fría,
después,
en un motín sin piedad,
te dejé de lado,
como un canalla,
y aun así,
no conseguí que flaquearas.

Lograste cuanto quisiste,
con talento,
y a mi vista,
sin ameritarlo,
seguiste dándome cariño,
mientras yo lo desdeñaba,
desnudaste mi flaco proceder,

cuando,
queriéndome comer al mundo,
tuve de todo,
en el ingenuo triunfo banal,
incluso,
cuando el peso de los actos errados,
cobran su precio.

Supe que sin ti quedé solo,
sin afecto,
hoy derrotado,
solamente puedo mirar arriba,
para verte lejana de mi lado,
vació y acongojado.

Diferente

Las historias siempre comienzan,
un instante es suficiente,
una mirada,
un roce casual,
un texto,
el tráfico,
un meme,
10 años,
dos minutos,
una vida,
el azar,
o cazando,
¿qué importa cómo, cuándo, dónde?,
en mi mente lo tengo tatuado,
el instante en que un dardo,
cruzó el hueso de mi pecho,
y se incrustó dentro,
entre las válvulas excitadas,
de mi músculo cardiaco,
y lo profanó de tajo,
la suerte aparejó tu trayecto con el mío,
desde entonces,
todo es diferente,
la lluvia es una fiesta,
el sol un tesoro,
la luna un espejo,
los pájaros un coro,
la prisa, ¿cuál prisa?,
el viento un pretexto,
tu compañía son besos,

en una fuente que nunca se agota,
el sexo es milagro,
y los milagros cariño,
a causa que los dos nos amamos.

Sin luz

Obscuridad,
eres caldo de cultivo del amor,
incitas los sentidos al fragor,
al margen de la luz,
eres alcohol de un vino embriagante,
con burbujas que no aletargan,
que repletan las venas,
y eriza la piel,
el astro rey pausa el ímpetu,
a espera de la noche,
y cuando el luto,
es una fiesta de negro rostro,
conlleva descifrar acertijos,
y leer la piel y sus márgenes,
con dedos y labios.

Será por ello que espero,
en penumbra escucharle,
como con susurros dirige,
la sinfonía del placer total,
donde el tacto rige.

Ingenuo

Un imbécil sin saberlo,
cómo no me percaté,
que la amable vida color rosita,
con música en el ambiente,
la vendedora callejera que sonreía,
en la plaza a sol radiante,
cantando sonetos en sus pregones,
y el perro moviendo su cola,
sacando rojos corazones de sus ojos,
no eran fantasía.

El color abundante en los jardines,
exagerando los pétalos,
que absorbían tanto sol,
que seguro quemaban,
el bullicio de gente,
que, como hormigas,
transitaban las calles,
en una coreografía,
parecían ir bailando,
y sus voces como coro,
al aire soltaban notas musicales.

Fui un ingenuo,
nada era diferente,
sólo fue que me había enamorado,
y todo, sin duda,
eran efectos secundarios de sus besos,
lo demás sólo era,
lo común y la gente.

Memorias

¿Recuerdas el día que sólo nos vimos a los ojos
tomados de las manos sin decir palabra y nos
hablamos tanto?

El canto de grillos al ritmo de las sombras de los
árboles,
que con cadencia arrullara al viento vestido de brisa,
la naturaleza en su esplendor inundando aromas de
maderas,
el campo, que en traje de gala,
tenía una capa de miles de estrellas,
ellos, todos,
fueron los testigos que la corte,
fuera del mundo,
firmaron cuando te dije: "te quiero",
y tú, cerrando los ojos,
lloraste sobre mi pecho,
consumando la unión que,
hasta hoy,
sin argumento de malos augurios,
nos mantiene inseparables e ilesos.

Vendrás

Hoy vendrás,
será un día,
será una hora,
serán minutos,
segundos...

Reloj que corre de revés,
faltan fracciones de tiempo,
sólo tiempo de espera,
espera,
continentes de emociones,
y en el cuerpo,
marcas formadas, nobles,
ni buenas ni malvadas,
testigos mudos,
diseño de un cosmos,
reducido a dos cuerpos,
acompasados de demora.

Después,
la piedad del mundo,
cuando entregues tu imagen,
a la niña de mis ojos,
detonante apasionado,
causal será,
de beodos inmersos,
en ríos emanados de cumbres cálidas,
porque tanto te espero,
que sólo veo la chispa que dispara,
todo lo que, por tanto,
hemos tenido en pausa,
tejido de distancia,
ignorada,
pero sentida.

Olvido

Quisieras que no existiera,
y tal vez logres creerlo,
en tu nueva vida glamorosa,
donde no entro,
pero,
¿cómo borrarás de tu memoria la danza de las
lenguas, de los besos de aquel diciembre frío?

En esa noche gélida,
de cuerpos apetentes,
que chocaron para tenerse,
encontramos lo más cercano al cariño,
después decaímos,
tanto como la locura nos permitió,
para hacer imposible cohabitar juntos.

Pero borrar tanto afecto es diferente,
¿recuerdas tu voz tenue diciendo: "amor soy tuya"?

¿Será olvidable el frenético momento que nos
buscamos para tenernos?

Si encuentras la forma de hacerlo,
ten piedad,
y dime como realizarlo,
porque yo solo,
yo solo no puedo...

Gesta

El punto brillante en el firmamento,
viajó tanto,
hasta crecer como mil mundos,
frente de mí pude ver el brillo,
y adivinar su textura,
en la tesitura de lo sagrado.

Cubrió más que mis expectativas,
allí en mi propia cara,
parió mi descendencia,
mientras lágrimas felices,
corrieron,
a través de las arrugas de mi rostro.

Mañana

Para ti que duermes,
en el espacio que no estoy,
para tibiar tu espalda,
donde nerviosa esperas,
al alba de mañana,
buscando pronta en los sueños,
cavidad como una cría,
en la víspera de la Natividad.

Querrás dormir soñando rauda,
para estrechar la espera,
mientras te confortas,
apretando en tu pecho,
la blanda almohada,
y entre tus piernas,
todas las ansias guardadas.

Yo, en tu espera,
repaso el ritual del caballero,
que en su corcel negro,
remontará las distancias,
que te separan de mis besos,
lo demás será, al fin,
coincidir,
como tanto lo espero.

La espera

Los barcos no pararon de llegar al muelle,
cada y cuando,
aun en noches de tormenta,
el antiquísimo faro,
con su luz casi pálida,
les mostró el destino.

Cada mayo,
las cerezas pintaron de rojo,
la campiña chilena,
las auroras,
como acuarelas vivientes,
dibujaron formas caprichosas,
en la fría Noruega,
cada enero primero,
renacía la esperanza,
de un año mejor que el otro,
y el desierto creció su alfombra de arena,
cubriendo más tierra.

Meses que luego le dieron arrugas a mis años,
y gris a mis ojos y cabello,
siguieron viniendo,
así crucé mi vida de niño a viejo,
en un mundo de claros y obscuros,
de ventura y de tragedia,
y jamás regresó mi padre,
y algunas noches,
todavía lo espero,
como lo esperó siempre mi madre.

Llaves

Delicadeza de tu tacto,
la mesurada vibración de tu voz,
son llaves maestras,
guardadas en un recoveco del ático,
de la fortaleza donde coincidimos.

Ve por ellas,
abre de una vez el arca,
y encontrarás el atavío,
que lucirás en la gala de nuestro triunfo,
haz que las musas te vistan,
y los númenes te calcen,
carga tu pluma de oro,
con la tinta de tus sudores,
para que redactes "la gloria sea con nosotros".

Nadie puede disputar,
los argumentos de esa historia,
porque nadie pisará las brasas,
que interrumpen las huellas del camino,
que con templanza hemos cursado.

Sabes bien que algún día,
cerraremos el ciclo,
para ascender al templete,
adornado con laurel,
perfumado con mirra,
y así,
terminar la odisea compartida.

Invisibles

Los invisibles,
carecen de voz también,
por tanto,
medio viven vidas incompletas,
son veletas,
que burlan fronteras,
cuando se burlan de sí,
solos,
por agobio,
para otros es suficiente,
cargar su epitafio,
en su misma tierra,
mientras temen,
las incoherencias,
que pigmentan el prisma,
de las pieles no albas.

Suelen pagar cuentas caras,
juegan sus dones,
en su fuerza,
y su lealtad no sufre con el estiércol,
aunque les llegue al cogote.

A fin de cuentas,
muchos son buenos,
como una hierba silvestre,
y otros son testigos de la sangre,
de la furia,
de las celdas en prisión.

Circo

En el centro de una jauría de perros salvajes,
girando en tu rededor,
no importarán tus intenciones,
tendrás todo perdido,
cuando veas en esos ojos brillantes la furia,
y narices con espuma brotando,
sacando gruñidos de los hocicos,
que babean el hambre de tu carne,
sólo queda cerrar los ojos,
y sentir caninos,
desgarrando tu cuerpo caído.

Sin causa siquiera que puedas creer,
sea un argumento,
que te haga salir con bien,
puedes ahora sufrir,
el desgarrar de tu piel a tajos,
luego, el negro de tu vista,
buscará la luz en el túnel,
mientras tus restos,
yacen en un charco hemático,
tus jueces sacarán con un pica,
el resto de carne trabado en sus molares,
y se irán, contentos,
del circo de tu desgracia.

Carmín

Más que tu carmín,
que pintó de granada mi pecho,
mi cara,
y que su sabor,
todavía me sabe a fiesta guardada,
creo discernir,
es el humor de tu aroma,
lo que enciende mi memoria,
donde guardé,
el paso de tus uñas en mi espalda,
arando los surcos de mis ganas.

No desatarme de ti,
una imagen de una suerte de siameses,
que comparten el licor que los nutre,
unidos por el corazón y sus vientres.

Es lo que pintamos,
cuando más nuestros fuimos,
en el lienzo blanco,
de las sábanas de aquella cama.

Sincera dicha

Junio,
por alguna razón,
siempre suenan campanadas,
resuenan alto,
presenta ramilletes sensoriales,
silencios y cantos,
con el paso obligado,
de primavera a verano,
nos muestra el exceso de la plenitud,
de la flor al fruto.

Así, en la mitad del todo,
tu ternura y arropo me trajeron,
la sincera dicha,
los susurros plácidos del viento,
me dijeron en la calma,
que, como siempre,
contigo cuento,
la tobillera de la suerte,
me habla de esmero,
me dice de la meta cumplida,
y de que tú estás conmigo.

Aquí

Sólo calla tus reclamos,
por ahora cállalos,
deja que el tiempo postrero,
linche mi actitud,
y me condene a la hoguera.

Aquí, ven,
y cierra tus ojos,
corre tus tirantes fuera de tus hombros,
parada de frente alza tu rostro,
entreabriendo tus labios,
juntos así,
mezclemos las lágrimas compartidas,
preámbulo del adiós que nunca quisimos.

Hoy no entregues menos,
de lo que yo te dé,
que sea un encuentro dueño de los olvidos,
de malos momentos,
ahora que sea tu cuerpo,
quien dicte las normas,
y abra caminos,
como antes, en el principio,
cuando nacía tu cariño.

Fuego

Sólo al calor,
cuando embullen las aguas,
por dentro de la ropa,
donde el sudor no refresca,
y en desespero,
buscas un roce de una mirada,
como si una llamarada quemara el aire,
y el desatino por la piel salada,
clamara ser saciada,
secando tu boca,
buscando un beso,
para extinguir la ansiedad,
sólo allí sabrás que la pasión existe,
que lo demás ha sido nada.

Amar de nuevo

Cuando la erupción,
sacudió las bases,
quietas por tanto tiempo,
distraídas,
como todo ente violento,
trastocó mi calma casi asexuada,
de pronto,
envuelto en este sismo de caricias no pedidas,
de amores sin tiempo ni permiso,
despertando de súbito,
me hizo sentir tan indefenso e inepto,
paralizado de pronto,
sin respuesta,
pero removiendo con impulsos eléctricos,
los aletargados sentidos,
que ya amar tenían vedado.

Puentes de sensaciones nuevas,
que condujeron a una horda de emociones,
renacidas en ánimo de amar de nuevo,
en sí, diciéndome:

"Estás vivo".

Ser

Pase lo que pase,
si tú hiciste *"let it be"*,
por la eternidad sin disputa,
serás Lennon/McCartney,
el tiempo pasará,
y la muerte se encargará de tus huesos.

Aunque te alaben o calumnien,
te vanaglorien o ignoren,
más allá de banalidades,
cada uno y a su modo,
puede ser y dejar ser a todos,
acabando el dilema,
de la trascendente cita *Shakespeariana*:

"Ser o no ser".

Estación

Deberías no negarte el gusto,
tus pétalos aún son fuertes,
y el viento aspira el buqué,
que irradian tus pistilos,
y lo viaja para marcar,
tu territorio inexplorado,
como una señal,
de no faltarte.

Todo te sobra excepto arrojo,
¿qué es lo que temes?,
no cejes,
y da pie a probar los placeres,
como en sueños lograste,
llegar desvestida de timidez.

Hoy podrás desnudar tus ímpetus,
para aligerar tu carga,
y a tiempo llegar a la estación,
donde él ya te espera,
no dejes que el tren se vaya.

Papá cuervo

Soy una persona común,
con hijos bonitos,
los más lindos,
para ser más franco,
ni quien me lo dispute,
son tan bellos,
que aun con todas mis falencias,
han puesto sus manitas en mi cara,
para llenar de ternura mis ojos acuosos.

Llenos con el mar de El Dorado,
en esos momentos creo ser bueno,
para ponerme a su altura,
y llenarme de terneza,
para meterme en su sonrisa,
y guardarla en la memoria,
que, de vez en cuando,
me cura de la vida.

Ellos solos me construyen,
desde mis escombros,
y curan las heridas de mis manos,
y renazco cada mañana,
para no defraudar mi hombría,
y su dulzura.

Procuro sacudir los demonios del camino,
mis miedos y mi vanagloria,
cuando, por pelear por ellos,
no hay escapatoria,
para vivir de un: “te quiero papi”.

Enfrentaría al mundo,
porque al fin y al cabo,
creo que son ellos,
los que me hacen humano,
entre la paz y las guerras,
de este planeta iracundo.

Vestimenta

Para ti seré entero,
entrego cortejo,
con ser el vestido,
que, al calor húmedo,
se adhiera a tu talle,
tu torso por completo,
que la sudada piel unte,
la tela a tu cuerpo,
seré el tejido que arropa,
dibujando los contornos,
prominentes, translúcidos.

Detrás del transparente paño,
me prenderé al dibujo de tu figura,
para ajustarte en mí,
así, mojado,
ceñido a tu efigie,
envolviendo como una gasa,
guardando cuidado,
como cascada,
que baña desatando la fuerza,
que romperá la roca,
para desatar tu liviandad,
que es mi vicio.

Ahora

Y ahora que te dicen:
"radiante, bella",
que miradas robas en cualquier parte,
que volviste a ser plena,
y que, coqueta,
caminas libre,
soltando tu cabello al viento,
tu risa inunda la sala,
y las súplicas de tu pregón,
no son castas,
antes bien te inflaman de dicha,
y a mí también.

Te veo más elegante,
justa, amena, niña,
caliente como la primavera,
que se perpetúa en verano,
con la mujer por delante,
la sensual parte en exacerba,
brindada toda a mí,
quien sólo atina a tomarte,
en todas las formas plurales,
que puedes darte.

Segura

Mentir no es lo mío,
me atrajeron sus muslos,
si bien,
su desparpajada carcajada,
provocó la observara,
con tesitura de mujer con vida,
mostró desplantes de segura diva,
exhibiendo por bandera de batalla,
fragancia,
porte y agallas,
así como si no le importara.

El lago de los cisnes,
Carmina Burana,
todo tiene sentido,
suelo ser caballero,
mas no evité mirarla,
y más mirarla,
adivinando mi futuro ya con ella,
en tres minutos me llevaron a Florencia,
Marsella y la Alhambra,
no fue su rostro de Afrodita,
sus azabaches ojos,
ni la armonía de sus hombros desnudos,
alpargatas altas,
chal blanco,
aretes de plata satinada,
fueron nada.

Mi fobia al cariño
se me hizo añicos,
confieso hoy, enamorado,
fueron sus muslos,
los que me llevaron al cielo,
del que no he bajado.

Esencia

Me place e inquieta,
me ocupa y lo pienso,
que tanta gente,
me quiera por lo que no soy,
sin afán de serlo,
el otro yo que se ha ensamblado,
con los trazos de la vida de otros,
que canta himnos,
y adora dioses,
que en azar le han tocado.

Tengo esperanza,
que alguna de todas,
ose seguir haciéndolo,
cuando,
al margen de mamparas,
desnudo,
sin caretas,
encuentre la esencia,
de la que estoy conformado.

Morfeo

Dos cuerpos duermen,
mientras mi sueño,
vuela hasta ti,
lo impulsa,
el volátil gas,
de la fragancia de flores silvestres,
que emana de lo que grita,
tu vientre convulso.

Todos los días,
antes del amanecer,
apelo que Morfeo,
no recuerde que dormimos,
para no volver con arrebato,
a un lecho,
donde no hay flores con aroma,
ni vientre gritando ser tomado,
ni tú,
ni yo,
sólo el espacio,
que un día compartimos,
y que hoy está tan lejos.

Somos el mundo

Así las cosas,
en Ucrania,
una mujer se estrena de viuda en su casa sin techo,
un soldado ruso llora de rabia, deshecho,
lejos, en New York,
un obeso golpea con un palo una pelota,
mientras un ebrio festeja,
con cerveza en mano como una foca,
y en Venezuela,
un obrero saca sangre negra del suelo,
para completar los barriles.

Buena fortuna este día,
lee un Sagitario,
tu número de la suerte es el 7...

Happy birthday Mr. President.

Me creíste

Fui constructor,
de castillos en el aire,
con vista al cielo,
y habitaste en ellos,
me seguiste con ojos cerrados,
yo crecí con ceguera a voluntad,
para hacerte mi majestad,
tú sabías que no tenía manos,
me creíste que pondría en ellos tapices de Persia,
estatuas de alabastro y mármol portoro,
que tus penurias serían el cebo,
de dragones inmortales,
que dotaría para tu servicio,
y así, soportar los temporales.

Me creíste todo,
desde los caminos de oro,
las nubes de algodón,
y las serpientes sin malicia,
te tomé del brazo y te dije:
"ven, bailemos kazachok junto con Alicia".

Tú, me creíste todo.

Paseo

¿Quieres caminar junto a mí?,
ven, pasa tu brazo por el mío,
acércate pronto que hace frío,
compartamos camino,
juntos el calor vendrá,
si caminamos unidos,
te invito a descubrir la ciudad,
despacio,
sin prisa,
veamos los detalles,
así,
adorna la banqueta con tu sonrisa,
mientras caminamos pegaditos,
compremos un café para los dos,
so pretexto de tomarnos de las manos,
y posar mis labios,
sobre la pintura de los tuyos en el vaso,
o, de plano,
déjame tomar directo de tu boca,
para saborizar de moka,
los besos que pueda robarte de pronto,
pórtate loca,
parémonos debajo de la lámpara en la esquina,
y si quieres bailar lento,
te ofrezco lo hagamos,
antes de que llegue la lluvia.

Iluso

No sé qué sufro más,
tu indiferencia,
o mis ganas de no olvidarte.

Ya mostraste que contigo no pude,
sólo mi necio orgullo,
que taladra mi mente,
te busca,
ya no sé si por amor,
o para lavar mi vergüenza,
tal vez me mueve la venganza,
en ocasiones lo pienso.

Sin embargo,
siempre encuentro,
que al final de todo,
quiero sea un mal sueño,
y en la madrugada,
despertar al lado tuyo,
para encontrar que todo está bien,
que nada perverso ha pasado.

Capullo

Vi tu cuerpo lleno de hormigas,
cada una recorría tu piel,
cada milímetro fue ocupado,
mientras,
inerte,
tendida en un manto de hojas secas,
con tus ojos cerrados resistías,
no aprecié que el dolor te moviera,
ni una lágrima siquiera,
recorrió tu cara,
angustia no sentí por ti,
confié en tu resistencia,
para, por fin,
al tiempo oportuno,
después de meses,
como capullo que rompe su pared,
sacudiste con furiosos movimientos,
cada insecto,
hasta que tu cuerpo,
dejó ver tu piel magníficamente limpia.

Casi con ceguera pude ver,
cómo emergiste sobria,
sin mácula ante mí,
tu desnudo cuerpo me habló,
que un nuevo comienzo ya había despegado,
que regresaste,
para cumplir el destino,
que dejaste olvidado.

Fragmentado

Es inevitable,
lo sé,
algún día estarás lejos,
no te tendré aquí,
para estar seguro,
arropado con el aura,
que no encontré en nadie,
nunca.

El sentido de mis verbos,
será opaco,
y mis versos,
tal vez de angustia y soledad,
inmersos,
he sabido cuidarte, espero,
aunque, también,
deseo tu vuelo,
realizando en bien tu sendero,
y si un velo cubriera tu cara,
y te diera tu sentido,
yo sabré vivir mi duelo,
aunque te extrañe.

Por mi amor te lo prometo,
si tú estás con bien,
aunque, fragmentado,
estaré completo,
aun cuando sude sangre en ello,
atando cada parte mía,
con los buenos momentos,

los que en duplicado,
llevarás contigo,
y podrás,
si en nostalgia caes,
también revivirlos si te es preciso.

Ese será mi regalo,
para siempre vitalicio.

Corazón

Mi corazón,
hace cosas lindas por mí,
aun con el tedio y las rutinas,
se las ingenia,
para encaminarme a sonreír,
repentino,
de la nada,
hilvana palabras,
que luego te dedico,
y para bien, lo juro,
sin pensar también,
se las hacen suyas otros,
en su mundo, donde,
aunque no vaya,
estaré con el alma.

Es una suerte de magia,
donde confluimos,
para excitar nuestros sentidos,
gentes extrañas,
de cerca o lejanas,
buscamos un mundo noble y pacífico,
con armas como una pluma,
y una página a llenar con letras...

Seguramente mi corazón,
quiere algún día ser poeta,
y yo,
sólo dejo que haga lo que quiera.

Te creo

Tú,
como las estaciones del año,
en ciclos te vas apartando de mí,
como el sol a la tierra,
que calienta en escalas de helado a cálido,
con ello,
he estado en los fríos tiempos,
solo, tiritando mi soledad,
en ventiscas,
donde hasta mi techo teme volarse,
y en el calor templado,
cuando contigo,
recreamos amores inconclusos,
sin importar,
que partes a parcelas lejanas,
siempre contando que volverás,
como otras veces,
y me cites para que lama tus heridas,
y te dé la ternura que requieres,
cuando te falta,
lo que yo no te niego.

Seguro estoy,
llegará la tarde de otoño,
cuando decidas no más irte,
yo, fiel como un perro,
defenderé el lugar a tu lado,
al que pertenezco por voluntad propia,
desde ese día que me dijiste: "te quiero",
porque te creo,
te creo...

Maldito tiempo

Ayer decidí no volver a verte,
olvidarme de lo íntimo que fuimos,
te sacaría de cada uno de mis pensamientos,
armados de miel y leche,
con tan sólo decidirme,
encontrar otros iris cafés,
donde guardar mis ilusiones,
y procurar calor en otra hoguera.

Estuve determinado,
a las catorce y a las dieciocho,
cuando el sol no terminaba de declinarse,
con sed de olvido brindé,
con el vino de la omisión, añejo,
pero, maldito tiempo,
transcurriendo a obscuras,
doblegó mi orgullo,
a las veintidós ya estaba delirando,
con mi lengua seca,
y el ardor de sal,
quemando en mis mejillas por tu ausencia,
a las veintitrés tenía el teléfono en mano,
a las veinticuatro sonó el tono insistente,
seguro, en tu mesa de noche,
aunque tú no atendiste,
después,
no sé cuánto más,
permanecí llorando,
mi fracasado impulso mal medido,
que jamás me llevaría a tu olvido.

Mujer madura

Qué bella es una mujer madura,
satisfecha,
no sólo piel le cubre,
su aura y figura describen su sapiencia,
su esencia denota el triunfo de lo indiscutible,
es un vino resguardado en barricas santas,
si le bebes nunca podrás olvidarle,
indeleble marcará tus días de fiebre.

Su sonrisa,
sin duda,
es la más entera,
roba miradas por la diestra,
y sus pasos son huellas marcadas,
es fiesta al borde del descontrol,
porque quiere lo que tiene,
y puede,
es capaz de llevarte a lugares de prodigio,
y danzar contigo,
en el aire y en el piso,
con la fuerza de un tifón.

Sin embargo,
también calma tempestades,
con su juicio que entendió de antes,
todos los momentos cosechados,
le dan recursos de salvamento,
de la coherencia hace alarde,
para ponerlos a los pies de quien sabe amarle,
sabe lidiar a plaza llena,
en las lides del amar, experta.

Lo turbio lo manda al muladar,
la perfidia sabe es para el diablo,
es un tulipán abierto, sobrio,
con todo el sol bañado,
que bebe agua cuando gusta,
para florecer como sea:

Fulana,
señora,
o dama.

Divagando

Pronto,
todos los pasados,
se enmarañan con los presentes,
disímbolos,
confrontando pares impares,
y ajenos con propios,
sin conocer por qués,
sin la lógica de lo condicionado,
somos como pajas,
que un soplo juega a divagarlas,
instantáneas en otras pupilas,
alejan y acercan motivos,
como si faltara chispa a la rutina de la vida.

Salando y pimentado alimento nuevo,
provocando terremotos,
que acomoden la tierra,
así,
el recuerdo de tus verdes ojos,
viajando desde antes,
al ahora distante,
susurran lo que callaron ayer,
con un brillo que no conocía,
aunque los miré tantas veces...

Por seguro, no los veía.

Mi paz

Revestido de todas las lenguas posibles,
inmerso en tantas palabras afluentes,
desdeñé las sílabas rotas en letras,
durante la caída de los cimientos de Babel,
simples letras desfilando,
en una feria en el tiro al blanco,
me orillaron a conocer,
que me sobra con escribir un punto,
para implosionar a todos los literatos,
y todos los libros,
de todos los tiempos,
cual si fuera un universo en contracción.

Sólo así,
conocerás todo lo que nunca te escribí,
pues ese signo contendrá el bien y el mal...

Ya tendrás tus conclusiones,
yo quedaré en paz.

Mía

Para ti sea mi aliento,
hasta el último suspiro,
musa mía,
quiero verte caminar,
la pasarela de las victorias,
y si tu brisa,
llega a mojar mi lengua con sed,
serás amada como nada.

Antes nunca,
sí reconozco mi caída,
al cielo del amor eterno,
donde lo ilógico,
es el pan de cada día sin levadura,
donde el pecado está abolido,
el verbo amar justificado,
y prohibido absoluto,
juzgar los juegos de la carne.

Por no ser de polvo,
el sexo es maestría y cemento,
es hablar y acto,
es comer a besos y conquistar espacios,
que curan heridas,
sin hipocresía y sin morbo,
de feliz sustento,
creación de arte,
en los tiempos del amor completo.

Umbral

Ya sembraste,
la inquietante curiosidad por hacerte conocida,
donde se cruza la línea de lo íntimo y lo trivial sin desconfianza,
después del umbral de la puerta,
donde no hay regreso.

Abriste la tierra de las ideas,
y una ruleta con números,
girando cómplice del azar,
paró en una dirección común,
no te distraigas,
capaz y la noble coincidencia,
engendre lo que no buscas,
y al final te plazca,
sentada con una taza de café,
en una salita cerca de Versalles,
y el argumento de tu vida confesa,
adornando una charla postergada,
entre los albores de *Ruby Relish*,
y, ¿por qué no?,
el discurso de mis propósitos,
con tu fragancia en el ambiente...

Que sea la marca de la casa.

Planes

Destino,
vuélvete a reír de mí,
chirotea con mis planes perfectos,
y arrástrame a asumir lo impensado al doblar la esquina.

Total,
ya aprendí que la libertad,
está pendiente de alfileres,
y que,
en conjunción,
pasado y presente,
juegan,
de igual a igual,
sin importar si uno pierde...

Todo puede pasar,
hasta no creerse,
encontrarse borracho de dicha,
mediano hacer que vives,
o caído en ignominia,
llorar perdidos parabienes,
mi control de mando,
simula un bote con solo un remo.

Por tanto, hoy ya nada espero,
mejor me atengo,
dentro de mi mediana cordura,
a decirme:

“Vida, sígueme sorprendiendo”.

Atrevido

Mi argumento,
en defensa propia fue,
que soñé despierto,
¿cómo no hacerlo así?,
si te vi contenta a mi costado,
me colmabas de arrumacos,
tan sólo cerrando los ojos,
te mostraste tierna e intrépida,
dispuesta,
a soltar las riendas,
del corcel de tus sentidos.

Volé mis ideas suponiendo,
bailamos hasta el cansancio,
en la playa entre fogatas,
sentí tus ganas de no apartarte,
y continuar de farra,
mientras el sol durmiera.

Nunca vi a una mujer tan feliz,
dispuesta a dejarse llevar por el momento,
así fue tal mi sueño vívido,
que juro,
mis manos,
sienten tus dedos tejidos con los míos,
marcados mis labios son,
por la tenue mordida de tus dientes,
hasta tu aroma me enciende,
alarmas en mi pulso,
construcciones en mi pelvis,

mucho antes aun,
de atreverme a decirte:

“¿Hola, te gustaría salir conmigo?”

Por seguro me atrevo si,
otro día,
te cruzas por mi camino.

Inimaginada

Los días que tardé sin conocerte,
ahora son nada,
sin dejar de ser años,
no sentí soledad antes,
pero hoy sí me angustia,
que pasara tanta vida sin tu compañía.

Sin ser tiempo perdido,
me cuesta no sentir agobio,
por antes no haberte conocido,
tuvieron que descoincidir,
cuántas cosas,
para fin de encontrarnos una mañana.

Incluso,
el vacío de mi corazón,
existió para que tú lo alojaras,
el frío preparó,
para gozar los calores futuros,
cuando te encontrara,
y los besos a muchas,
me mostraron que tus labios,
serían el lugar.

¡Vaya contradicción!,
dónde desbocará el frenesí,
de los deseos guardados,
para la mujer ni siquiera imaginada,
en mis mejores sueños.

Docena del amor

De toda mi vida,
quisiera la certeza,
que tres meses consecutivos,
te pudiera pertenecer completamente,
después,
que venga lo que sea...

Sería la docena de semanas,
más en dicha de mi vida,
ver el sol ponerse ante la tierra,
después de los afanes,
del día que amanecimos juntos,
para cuando el sueño se ausente,
me encuentre abrazándote,
un tiempo todavía.

En semejanza a dos felinos,
que se lamen y acicalan,
entre ronroneos perezosos,
aprender a complacerte,
cuando te mostraras débil,
con sólo propósito de que te chiquee.

Jugar haciendo rules tu pelo,
tal vez,
dibujar de nuevo,
el contorno de tus labios con un dedo,
atreverme a conocer tu cuello,
en palmos lentos,
y más lejos,

con manos alfareras recreando,
la topografía a detalle,
de la Venus que en ti llevas.

Todavía,
sin abrir cortinas, a la luz indiscreta,
prepararnos café,
que dé pie a despertarnos,
y ya, por fin,
vestirnos como si la inocencia terminara,
para dar paso al trabajo cotidiano,
y alimentar con ausencia,
el apetito de unión con sed,
cuando se guarde el canto de las aves,
del jardín donde,
el ocaso abrazados observemos,
antes de volver al claustro,
de tenue luz que tanto amo,
para más querernos.

Palomas

Escena de romance y cortejo,
entreabierta la puerta observo,
soleada mañana,
con sereno fresco,
palomo en danza frenética,
dibuja figuras el mochuelo,
balancea contorneando su cabeza,
gritando sonidos de amor,
seducida, ella contempla,
posando espera tendida el contacto,
abre y cierra sus ojos brillantes,
invitando a ser amada,
la paloma blanca,
nerviosa,
mira y mira revirando a su macho,
que ostenta su plumaje tornasol,
bañado de luz para decir:

"Aquí estoy".

Paso a paso,
en baile y cantando,
asciende cariñoso,
tomando cuidadoso en tres pasos,
el lugar que ella le brinda,
sus picos, como esgrima,
blanden besos en el aire,
seguro su vaho les es grato,
y a ella le place el cucurrucú,
entonado en el canto,

barajando las plumas,
de sus colas en abanico,
acoplan la dicha del acto,
proclamando,
que el ciclo de la vida,
se perpetuó una vez más,
entre danzas y cantos.

¿Cuándo?

Te quiero conocer,
sin que no seas tú,
abierta,
sin el límite de la bondadosa impresión,
con arrebatos de enojo no cuidados,
sin zapatos altos,
con la cara lavada,
con prisa,
con calma no buscada,
con el rímel corrido,
apetente comiendo,
dibujando flores en una servilleta,
en un paseo de bicicleta,
en la noche y más tarde,
empapada por la lluvia,
de compras en un mercado,
con un perro jugando,
cumpliendo años...

Tú me dices cuándo.

Voy fácil

He ido desechando cosas,
que pesan y lastran,
ya no trato de estar seguro,
antes,
pretendo un viaje ligero,
sin botas con casquillo,
opto por las sandalias,
de correas frescas.

Actitudes soberbias,
discusiones sin salida,
y los besos fáciles que no me salivan,
ya no me fatigan.

Hoy le escribo más al olvido,
que a las divas,
que juegan a perder conmigo,
sólo mi sangre gitana,
todavía me doblega,
cuando el drama del *cante jondo*,
me atrapa con doloridas estrofas.

Ya los planes a futuro me fastidian,
curado estoy de la envidia,
porque ni mucho ni poco,
me importa más un solo día,
como Piazzolla y Goyeneche me digo:

"Estoy *piantado*".

Porque vivo,
la balada para un loco cada noche,
para,
sólo así,
no morir de a poco.

Escape

Cada y cuando,
regreso a donde pertenezco,
de donde salgo un tiempo,
vuelvo donde,
inefable,
conecto con el viento fresco,
que es mi amigo,
con la lluvia impredecible,
que acaricia los pinos,
y mis oídos reclaman,
para sí su sonido.

Definitivo siento el frío,
que me invita a sentirme vivo,
como bálsamo,
o motivo de toda mi calma,
como el acicate,
el fuego de la hoguera,
balancea,
entre sonidos campestres,
aroma de aceites de madera,
y el recuerdo,
de alguien que me espera.

Tentación

Cruzar la línea me tienta,
supongo sólo tu ternura,
cuando echo a volar mi mente,
ya escucho la suavidad de tu voz,
hablándome cosas quedito al oído,
la suavidad de tus manos,
rozando mi pecho,
veo el mundo brillando,
en el reflejo de tus ojos tiernos,
haciendo correr impulsos eléctricos,
conectando en ansiedad con sólo pensarlo,
erizar de cabellos,
y el calor que sube a las mejillas,
me hablan de lo anormal que me siento,
los espasmos,
la noción perdida del tiempo,
y los besos en tu retrato,
me invitan a salir a buscarte,
capaz que te encuentro,
y decido confesarte lo que,
cuando divago,
cien veces ya te he dicho,
en mis nobles fantasías,
que suelo dedicarte.

Celda

Los labios,
ciertas noches tienen frío,
aunque no lo digan,
saben callar,
para no pedir cobijo en otra boca,
para pagar,
una penitencia de ausencia,
por marchitar una pasión,
temerosos de que explote,
el miedo al desenfreno,
sin vuelta atrás,
les quema por dentro,
aunque mueran,
por ser bañados por un beso,
se cierran y muerden,
y poco a poco mueren,
callados y en lamento,
sin indulgencias,
no serán nunca santos,
antes,
bien condenados,
pararán en la celda,
de los amores no natos.

Alas

Paloma al vuelo,
haciendo estruendo con sus alas,
al despegar del suelo,
con alegría de volar libre,
suelta,
cómplice de las ventoleras,
que le abrigan y acarician de brisa,
como gentil amante.

Sin plan de ascenso,
siguiendo al viento,
burlando las corrientes,
hace piruetas,
toma fuerza y sube tanto,
regresa planeando,
irrebatible es feliz,
en la libertad de los aires,
donde pertenece.

Embelesado espectador,
contagiado de desparpajo,
la veo y pienso si un día,
mis brazos serán alas.

El cartero

Mi abuelo me contaba,
cómo una carta apenas,
mal escrita,
con letras disformes,
tal vez,
pero plasmada,
al ritmo acelerado,
de un corazón impetuoso,
más con prisa que pericia,
era capaz de ilusionar,
y rendir en un idílico mundo,
a la mozuela,
de no más de diecisiete abriles,
que sería su futura compañera.

Ambos sabían,
que el tiempo puede ser eterno,
cuando el aliento,
se contiene tanto,
en la espera de la siguiente misiva,
oídos aguzados,
esperando el silbido de un cartero,
tan fuertemente esperado,
hacían de la una a las cuatro,
tantos días más de dilación,
una vez por mes,
el horario de la decepción o la alegría.

Pero llegaba la tarde de la fortuna,
y las páginas eran devoradas,

en los minutos siguientes,
para después ser guardadas,
en una cajita de madera,
con celo resguardada,
la mismas líneas serían releídas,
religiosamente cada noche,
hasta la llegada de las nuevas albricias.

Así,
la respuesta,
llena de premura se hacía,
para no retardar más días,
la siguiente respuesta,
que acrecentará el amor,
y la esperanza,
de estar juntos algún día.

Creatura

Creatura,
me provocas mirarte,
y adivino dentro de ti,
la niña de ojos brillantes,
esmeraldas pulidas,
sin malicia,
capaz de volar,
con la enmienda,
de alcanzar un día,
de un salto enorme,
el arcoíris,
para vestirte de colores,
niña consentida,
colmada de cariño y amores.

No quiero pensar,
en rapaz violencia,
ni en dolor,
ni en carencia,
ni hurto,
no perteneces a la sombra,
y de un claroscuro,
de nuevo extraes la luz,
y te bañas de ella,
radiante,
dispuesta a vivir,
con toda la fuerza de la niña,
aquella que me provocas ver,
cuando te encuentro,
en mis paseos nocturnos por las estrellas.

Milagro

Te confieso,
no la he pasado del todo bien en los últimos
tiempos.

Decaído y enfermo,
pretendiendo no estarlo,
cuesta salir el día,
horas antes ya estoy deseando,
estar en mi cama,
donde podré ordenar mis ideas,
cierto estoy,
que vendrás a mis pensamientos,
como recurre de un tiempo acá,
con certeza así será,
y entonces,
te contaré de mis planes,
tal vez,
con un entusiasmo extraño,
en estos días,
el linimento de tu compañía,
hará el milagro,
y te veré sonreír interesada,
con una cara iluminada,
así mismo,
desplegaré tus alas para que,
confiada,
y con la franqueza que brinda la intimidad,
busquemos puntos afines,
justificantes de este encuentro,
que dudo sea sólo,
una jugada del azar.

Alquimia

Todo parece se sincroniza,
la tarde gris,
apunta a una noche de lluvia,
con todo lo que esto me provoca,
el café no podrá faltar,
la charla casi obligada,
antes de que el sol caiga,
en la mesita de un sitio,
aromatizado de vapores,
que remembran a Arabia,
ya veo mi propia imagen,
ojos cerrados,
con una taza a dos manos,
aspirando el perfume que escapa
tal vez,
alguna emoción bella,
a mí me recuerde,
al verme sonriente, relajado,
dejándome llevar por los aromas,
que se magnifican,
cuando se combinan con el confort,
la lluvia y buena compañía.

¿Magia, alquimia, química, nostalgia?,
qué sé yo,
lo que sí es verdad,
es que disfruto esos momentos.

Entrega

De pronto,
cara a cara,
nos encontramos,
en un frente a frente,
de ojos, labios y mente,
hablando cada uno su idioma,
ojos que quieren ser besados,
pidiendo cada cual ser tomado,
sustentando miradas,
labios que piden a gritos,
el aliento sostenido,
como si en ello se fuera la vida.

Se brindan con hambre,
en una suerte de naufragio,
las carencias mutuas,
encuentran vida,
en el botín de caricias abiertas a la mente.

Así,
lenta,
muy lentamente,
despreciando la voracidad,
el apetito contenido,
un beso calmo,
comienza el rito del encuentro,
de la toma mutua de dos cuerpos,
entregados por cuenta propia,
a merced de su destino.

Pasión

Porque los ojos,
los labios,
y la mente,
hablan de forma diferente,
cuando aman,
quieren triunfar con esmero,
los ojos,
muchas veces,
nos hablan sin querer ver,
y cierran su puerta,
e imaginan borrando la luz,
que la distancia se disipa,
para aferrarse a un abrazo,
otras veces brillan tanto,
para derretir obstáculos,
como un diamante,
que corta el acero,
penetran corazones,
hasta hacerlos temblar,
de sangre viva,
llenos los labios,
no creen en la mente,
quieren devorar sin tregua,
abrazar y arropar lo besado,
purifican y nutren pasiones voraces,
pueden semejar partos,
para que nazcan,
las mil formas de enamorarse,
entre contracciones,
y deseos de alumbramiento,

otras ocasiones,
apenas tocan y rozan,
inoculando,
el potente veneno del deseo.

La mente regentea,
como director de orquesta,
pone sincronía e historias no vividas,
a merced de los impulsos por instinto,
o por gusto,
cuando la pasión la toca.

Mutuos

Mutuo me suena bien,
cuando en la cuerda floja,
camino hacia encontrarte,
con un ramo de rosas en las manos,
sólo para adornar tu mesa,
y las mutuas ganas nos beban,
si perdemos o ganamos,
y mutua es la entrega.

Me suena bien,
cruzando la vereda escarpada,
o en un plácido baño,
en el remanso de un río,
bautizando,
las mil y una formas del amor,
será una fiesta,
si toda la entrega es mutua,
aun si la desdicha y la vergüenza lo sea.

Sonará bien,
porque la decisión,
de ir del brazo unidos,
desde el primer hasta el último día,
fue mutua,
y nos sonó,
desde entonces bien.

Encuentro

Déjame ser cursi entonces,
alimentar un momento,
con nada que no sea menos que el viento,
absorberme de ti completa,
y fundir ideas que transporten,
a lo tuyo y lo mío sin diferencia,
cerca de no importarnos,
más mundo, que lo hay,
en el metro cuadrado que nos contenga,
para no dejar escapar,
ni miradas,
olores,
sabor,
y lo que llaman piel,
mezclarla indiferente,
de un límite abolido.

Famélicos de tacto,
saciar el hambre contenida,
bañados en el flujo de tu gusto,
abrir las puertas,
y cerrarlas por dentro,
junto a todos los demonios y dioses,
para inventarnos de nuevo.

El tiempo

Escogiste bien todo,
cuando elegiste el lugar de este encuentro,
el ambiente de media luz,
nutrido por pálidas velas,
con historia las paredes,
finas maderas,
muebles y esencia,
de la cava, frutal reserva,
obscura botella de la taberna,
el vino entonará tu voz quedito,
para escucharte,
mientras,
el reflejo luminoso de los candiles,
magnifican el brillo de tus ojos.

La charla,
el encuentro primero,
gozo lejano que viajó,
y te trajo conmigo,
dos cuadernos esperando,
un sagaz pensamiento,
hecho un poema compartido.

Cada cual terminará la espera,
de los años paralelos,
plasmando letras que nos digan:

Es el tiempo, que ya no será postergado.

Regalo

Ocupaste mucho tiempo del día mi mente,
hiciste tanto dentro,
que alcanzó para construirte un mundo etéreo,
inventamos juntos los inviernos más cálidos,
y navegamos mares locos,
y salvamos las mareas.

Tu fragancia dispersa, arrogante,
por los cuatro puntos del reino su rocío,
y colocamos rubíes en el suelo,
para que tus plantas no tocaran el suelo,
a los flancos el infierno y el cielo,
y la mezcla del cariño nuestro,
tejió un manto con partes de ellos,
ni malos ni buenos,
ni egoístas ni piadosos,
veneramos, apoteósicos,
las exquisiteces que nos regaló Eros.

Duermes

Cuando tú duermes te vigilo,
pronto,
cauto,
silente,
testigo del placer que expeles,
muchas veces te he visto,
y te contemplo,
parecieras una frágil flor de belén,
con la ternura,
que me invita a exigirme cuidado,
cuando dormida,
acaricio tu rostro,
y, al cubrir tus hombros cuando hace frío,
deslizar con cuidado una frazada,
semejas un ángel en reposo,
con sus alas plegadas,
apenas respiras,
y tus suspiros me alivian tanto,
que podría la noche entera,
estar en vigilia,
cuidando de tu viaje a las estrellas.

Inicio

¿Cuándo llegó la primera vez?

Nuestro viaje iba en progreso,
con buen viento,
las velas empujando,
el azar hizo lo suyo,
sin alguna prisa,
nos encontramos,
en el cuarto de las luces,
con las manos sudando,
el pulso acelerado,
en un silencio raro,
intentamos hablarnos,
pero hubo más besos,
que palabras en los labios.

Frente a frente,
tan cercanos,
servidos y entregados,
apagando las velas,
tan próximos quedamos,
que los ojos fueron faros,
y nos dejamos llevar,
dentro de ellos,
al tenor de los sentidos.

No resistimos pausar,
así nos lo hicimos,
para estallar las estrellas,
plenos de emoción, sin pensarlo,
y apenas sí, soñado.

Discreta

Cuando me di cuenta,
estabas dentro,
instalada,
y con un lugar en la historia,
que un día quiero contar,
así, sin sentirlo,
ya tus raíces crecían,
y entretejían la base,
de todos los caminos posibles.

Tu risa y el timbre de tu voz,
codificaban ya,
en lo bonito de mis proyectos,
¿cómo?,
no lo sé,
importa más si cultivarlo,
nos dará la mutualidad,
que nos juegue diestros los naipes,
de nuestras propias vidas,
o si pasará al baúl de las cosas,
que dejaron sólo un gran recuerdo.

Lluvia

El cielo se encargó,
de brindarnos el pretexto de estar juntos.

Al mojar nuestro cuerpos,
parecieron transparentarse,
todas las ganas de fundirnos en un abrazo,
al amparo del calor,
que templaría las frías gotas de lluvia,
que nos mojaron esa tarde gris,
con el cielo más hermoso,
teñido de negro,
que antes no vi.

El vapor secó,
nuestros pechos turgentes en contacto,
continentes de este par de corazones,
irrefrenables,
que se persiguen.

Desvelada

Festival de risas anoche,
entre poesía y cosas del vivir,
terminé sabiendo,
que no necesito más que el bienestar,
que muestras sin dejar de reír,
y tu libre charla amena y loca,
para edificar con las horas,
resumidas en un instante,
haciendo la carrera de minutos,
a la madrugada apresurada.

El afecto que crece cada día,
ahora comienzo a conocerte,
bajé la guardia y me puse de frente,
para que vengas,
y en mi entres,
parece gustarte,
me lo dicen tus besos espontáneos.

Desnudo de poses,
me entrego a tu rigor,
y tú respondes,
con tu transparente actitud,
como niña confiada,
en que te daré lo mejor de mí,
te ofreces flor blanca,
pura, intacta,
sólo para mí.

Novedad

¿Has notado los cambios en los amaneceres?

¿Te diste cuenta del brillo de oro de las nubes
nuevas?

Ahora se puede levitar,
al caminar en un paseo por la mañana contigo,
amable mundo nuevo.

¿Será tu sonrisa culpable de renovar el viento
educado para acariciar nuestro rostro mientras
sopla y silva una canción por las mañanas incitando
a las aves a hacerle el coro?

Mientras,
las manchas de tu carmín,
dibujan corazones en tanto hablas,
brillo,
luz,
ánimo de verte de nuevo,
todo es diferente,
desde que estás a mi lado.

El pasado

Qué importa,
si comenzó ayer,
o el mes pasado,
no cuenta nada,
si estuviste lejos,
o si otros ojos te miraron,
no cambia algo,
si me ignoraste,
si buscaste cien caminos,
si fuiste feliz,
no dice mucho,
si fuiste engañada,
o si tu vida fue fiesta,
o llamarada,
es más,
me importa poco,
la historia está sepultada,
hoy vive la vida,
si hoy estás conmigo,
y te siento enamorada,
el mundo comenzó hoy,
en dicha plena lo vivo,
no me importa,
estoy completo,
aunque se acabara mañana.

Aquas

Gotas de agua,
de la montaña gélida,
despegaron pendiente abajo,
al contacto de los rayos de sol,
del verano sobre la cumbre de nieve,
caída libre, bajando,
sumando lo que parecieran,
lágrimas de felicidad,
salidas de las peñas,
crecieron un arroyo,
así, sólo corriendo al sur,
sin pausa, avanzando,
ahora con estruendo,
va creciendo su caudal,
serpenteante trayecto dibuja,
mojando cada curva del territorio,
como acariciando,
ya tiene alma y agallas,
no frena y canta fuerte,
de repente, sin precaver,
choca de frente,
mezclando sus aguas,
con la fuerza del mar,
que ya lo esperaba,
formando cálidas corrientes,
salando la dulzura,
dando color de cielo a su fuente,
cuando fui río y tú océano,
así chocamos en un sueño.

Luces y sombras

Claros y obscuros,
tus contornos y márgenes,
confieso lo no claro me llama,
y me aferro a degustar,
lo que entre líneas no mostraste.

La claridad me llamó,
sin embargo,
la sombra me embruja,
me retiene,
en los centros de tus ejes,
para alimentar la fantasía,
de tenerte completa,
al inquietar,
mi ansia de viajar.

No te apartes al sentir,
que tu alma vuela,
antes bien,
pelea con uñas y dientes,
y repleta las contarás vacías,
con los ríos del ímpetu,
que mi fuerza te brinda,
cuando en tormenta explota,
en la comunión de la vida.

Polos

Todos los días te veo,
y la serenidad,
desdibuja el incierto,
me acepto completo doble,
pareciera no verte,
pero asumo tu lealtad,
y estás... sí que estás.

Pero aliento no me falta,
todo anda,
el sol correcto por la mañana,
calienta el rocío,
para volverlo perfume,
aliado de los vientos,
y de los trinos,
despierta al árbol,
que baila baladas con sus ramas,
moviendo todo.

Es fácil,
las palomas ensayan su vuelo de nuevo,
cuatro vueltas al cielo,
polícromo de azules,
algodones de nubes,
regresan y reposan cantando,
tal vez un himno de alegría.

Y si de pronto no estás,
si te vas,
si esquiva evitas tu presencia,

cambia todo,
la cordura se ausenta,
y la ansiedad,
toma una brocha grande,
vertida en el negro,
y cubre la acuarela del mundo,
borra colores,
cubriendo de sombra,
mis ojos abiertos.

Entre ruidos obscenos,
y fétido vientos,
son polos opuestos,
y yo estoy en medio.

El absurdo

Dos días miden la eterna espera,
cuando el esperar es el absurdo,
pareciera que un siglo se comprime,
o se expande contra la voluntad,
y se distorsiona en una trituradora de tiempo,
donde un segundo pesa un mar de espera.

Que vuelva el sol,
se disperse la bruma,
con un "buenos días",
y que tu presencia,
y el tiempo,
recupere la cordura.

Con eso

Por no soñar,
me reclamé queriendo amarte,
ausente de sueños húmedos,
era el insolente pecado,
dilapidar mi tiempo,
con todas mis armas forjado,
sin precaución ni juicio,
sin siquiera requerir permiso,
ni en el sueño abordarte,
divino regalo cuando llegaste,
al campo de miel y vino,
una noche,
al regazo florido,
al Edén,
con ríos continentes,
de las fuerzas que me nutren,
en concordia de Morfeo,
en mi sueños.

Pero no eres mía mientras sueño,
de nada me sirve estés desnuda,
que tu piel blanca como leche me entregues,
siendo mía cada noche,
aunque el viento me diga tu nombre,
cada día de brisa.

Y juntos volemos,
no obstante grites de gusto,
y arañes mi espalda,
como escape de tu alma,

nada vale,
nada cuenta,
si en la mañana estás conmigo.

Sólo tu ausente añoranza,
y el recuerdo de una noche fogosa,
sin embargo,
a mis sueños los amo,
y no los desdeño,
mientras se cumplan,
con eso me quedo.

Besos leves

Sin fatalidades,
sin dramas,
ni espectaculares momentos,
ni caos,
ni vorágine,
ni tornados que arrasan ciudades,
el amor puede ser simple,
solos tú y yo,
quietos,
en paz,
tranquilos,
sentados frente a frente,
en el pasto de un parque,
leyéndonos un libro,
quizá un toque de manos,
una mirada tierna,
besos leves,
abrazos furtivos,
y tu risa espontanea,
como complemento.

Sí, así como no está,
en los magazines rosas,
pero sí en mis ideas,
de vez en cuando.

Que la pasión no arrase,
estaría perfecto,
sería otro engrane de nuestro cariño,
en un amor perfecto.

Sin respuesta

Después no entenderemos,
cómo tus prendas dispersas,
por doquier quedaron,
el por qué mis zapatos no encuentro,
las copas derramadas,
que gotean todavía su flujo,
cerca de la cama,
las cortinas a medio cerrar,
dejarán pasar rayos de luz,
indiscretos,
un libro abierto sin leer esperará,
y un sabor de besos flotará en el aire.

Un veneno que no mató,
dormirá las fuerzas,
de mis brazos abiertos,
y el océano vacío,
bebido a sorbos,
dará cuenta de tu sed.

Tu freno querrá volver,
sin éxito,
tu piel guardará todavía,
las memorias de las filigranas,
bordadas en toda su geografía,
y tu cabello revuelto,
dará cuenta de la noche,
que vivimos con encono,
a la soledad que vencimos,
la primera noche,
que abordamos el expreso,
de las ansias contenidas,
desde el primer día que nos vimos.

Colores

Piedras azules,
prendidas a tu cuello,
el color del cielo,
y el mar entero,
todo tu sentimiento,
del tono de tus ojos,
alquimia de los días,
azul de nuevo,
buscas mi pecho como refugio,
mi tinte es rojo,
cual rubí sangre,
el oeste y su firmamento,
la lumbre mezcla de llamas,
sus colores enciende,
los rojos naranjas,
amarillos y azules,
todo vibrante para ti el día,
y para mi rebeldía tu compañía,
dando cuenta hago,
que tus comisuras se extiendan,
al tenor de mis ojos brillantes,
que no dejarán de verte.

Solos

Solos,
olvidando que hay más allá,
de la puerta cerrada,
con seguro firme,
un refugio sin ojos,
sin oídos,
sin quejas ni morbos,
que nos dio paso a la matriz,
que sin disputar nos nutrirá,
donde sólo queda darnos,
todo lo que somos,
sin pérdida,
para tejer con todo el cuerpo,
los placeres que queremos obsequiarnos,
en el intercambio de cariños.

Unas horas después,
sólo rastros serán,
las sábanas húmedas del despertar,
no sólo del sueño con cansancio,
también,
de lo que crecemos juntos,
cuando ejecutamos el acto,
de los amores del cuerpo,
y la sutil energía que emanamos.

Gracias sólo queda decirte a ti,
que, en este tiempo,
me llenas tanto.

Huracán

Cuando me encontré con ella,
y descubrí la dulzura de su rostro,
casi denotaba un ser angelical...

¿Quién podría saber que era sólo el ojo del huracán?

Si el mirar de esos ojos,
eran la paz encarnada,
en el cóctel de color de sus iris,
de pronto,
me vi inmerso,
en medio de vientos tormentosos,
entre una fuerza arrasante,
que me jalaba hacia ella,
con ciclónico poder,
me empujó el deseo,
de contender contra sus brazos y piernas,
que fueron la tormenta perfecta.

Mujer huracán,
con todas las ventajas en contra,
me aventuré entre sus fauces,
hasta encontrar de nuevo el respiro,
neutro y calmo,
que se da cuando el amor lo vence todo.

Sin estar ilesos,
nos encontramos más vivos que nunca.

Calor

Todo es culpa del calor,
y este vino,
cuando te vi la vez primera,
en el primer roce de piel,
e imponente,
en la cercanía de milímetros,
de tus labios con los míos,
presente,
cuando tus ojos,
besaron mi serenidad perdida.

Y cuando te bañaste en mis ganas de hacerlo,
cuando tus dientes mordieron,
y mi saliva mojó tu sal,
para crispar cada poro de tu piel,
cuando tocaste el cielo,
cuando bebí tus deseos,
cuando desnudos de miedo perdimos la ropa,
y cuando comiste de mi mano,
y cimbraste mis cimientos,
calor...

Calor que vives dentro,
y de vez en vez,
sales al encuentro,
de los seres que,
para vivir,
todavía tienen alientos.

Pacto

Antes de comenzar,
sea posible deslindar,
de las máculas,
que no fueron en el presente,
limpios de rechazos,
y pretensiones infructuosas,
entonces,
tomar tus dedos,
inclinarme en genuflexión,
y besar de tu mano el dorso,
cual símbolo de entrega y toma,
de dos que son uno ahora.

Posterior,
desde el cielo,
vendrá la voz rugiendo,
que exalte:
"pueden besarse",
para así consumar,
lo que el pergamino,
del cofre del oráculo auguraba:

"Sea feliz su destino".

Tapalpa

Una noche con lluvia,
resguardados del frío,
el sonido de las gotas gruesas,
azotando el tejado,
fue música y la súplica para evitar,
el espacio que sobraba entre nosotros,
combinado el arma,
de leña ardiendo,
y la esencia expedida,
de una olla de café con canela,
y la resina de los pinos.

Sumó su carácter al aroma,
de la rústica morada,
en el otoño que nos encontró,
en plena sed de la piel,
que nos marcaría el camino.

Tanto tacto reprimido quisimos saldar,
y no dejar deuda,
abuso del verbo besar fue la consigna,
y que ambos quisimos saciar,
como si no existiera mañana.

Mi ser fuiste tú,
no tengas duda,
me lo dijo el abrazo perpetuo,
la noche que nos quisimos,
en el nido situado en la colina,
entre los pinos de Tapalpa.

Mi lista

Tan simple como un desayuno,
hecho a cuatro manos,
aunque no sea gourmet,
el paseo por las secuoyas,
para ver lo grande que somos,
lecturas en voz alta,
descubrir mil veces la vía láctea,
un perro grande y noble,
un columpio que contrarie al aire,
una playa cercana,
el sol en la piel,
ocasos rojos y naranjas,
un árbol de manzanas,
unos pies fríos que no quieren serlo,
viernes de novios,
manos sudadas,
al cine si hay buena trama,
buen café disponible,
un estudio como refugio de locuras,
con páginas blancas,
y una buena pluma,
masajes de rutina,
su fotografía en mi cartera,
y sobre todo ella,
contenta,
de que la quiera.

Majestuosa

Te quedará claro,
es muy simple,
ya no habrá que hacer el amor,
ese ya lo hiciste tú,
en contubernio,
con mis ánimos más limpios,
y los inconfesables,
fuera de estas paredes,
sin percatarte,
el día que llegaste,
cambiaste el orden de lo importante.

Ya la orquídea no es majestuosa,
no como tú,
sus pétalos perfectos,
palidecen con el gesto de tus ojos.

En la mínima sonrisa,
tu andar detuvo el curso del sol,
y los días o noches no difieren,
si caminas hasta mi lecho,
que ya es tan tuyo.

Mi alimento,
hoy puede ser tan sólo,
el manantial sagrado de tu pecho,
y la lumbre que da el ardor,
de tu forma de hacerme tuyo.

Cuando te place reconocerte mía,
cual paloma que vuela lejos,
regresa siempre al nido,
donde tienes mis afectos,
mis virtudes, defectos,
para honrar el suelo que pisas.

Mi fracaso

Nací para fracasar,
según la prescripción oficial,
fui dotado con nada superficial,
nada que compre brillo y lustre,
mi caudal refleja mis bolsas vacías,
lo que mi trabajo me da,
sacia el hambre,
y sobra menos que poco,
sin embargo,
como algunos,
no muchos,
no tantos,
cuando digo lo que no pienso.

Pero sí,
lo siento,
conmueve a alguien mi discurso,
con eso me quedo,
allí donde nada necesito,
soy un opulento dueño,
de palabras que devienen,
en sentires de gentes,
que nunca conoceré,
aunque,
eso sí,
algún pensamiento bueno,
tal vez,
me dedicarán si me leen
y cierto día,
estoy seguro,

en mi tumba igualaré en riqueza,
al que más tenga monedas,
y mi epitafio dictará:

“La palabra bien dicha mata la cartera más llena”.

Al fin,
todos hechos polvo seremos iguales,
alimento de gusanos,
el color de las flores.

Así, sólo así

Quiero ser tu poeta favorito,
lector de tus sueños,
intérprete en tu alcoba,
redactor de sensaciones,
y la pluma que te escribe,
ideas de tus ideales,
el capricho que quieras darte,
quiero ser tuyo,
amarte,
entregarte flores escritas,
que perfumen tus ideales de romance,
a cambio sólo veme a los ojos,
como lo hiciste ayer,
así, sólo así... penetrante.

Sé tú,
mujer,
fiera,
loca,
bella,
ternura de ninfa,
paciente como Helena,
para que tejas mi vida,
en lo profundo de los sueños,
arrebatados,
sin tiempo y sin cadenas.

No soy

No soy perfecto,
lo sé,
porque me lo recuerda el aire,
cuando no vuelo,
me lo dice el ave,
cuando canto,
me lo dicen mis ojos,
cuando te veo,
y aun me aventuro,
así, a amarte,
sabiendo que,
en cualquier momento,
podrás percatarte,
que suelo querer de más,
que te veré sin mácula,
que haré de ti,
cuatro cuartos de mi vida.

Lo sé muy bien,
te celaré del mundo,
aunque no lo diga,
cortaré las flores,
consciente de reducir su vida,
con tal que el jarrón de tu mesa,
sea aroma,
sea color y alegría.

Descuidaré mi sombra,
para que la luz sea contigo,
y aun seguro que algún día,
notarás mis defectos.

Alegaré en favor de mi causa,
que luché para esconderlos,
pero tu gracia fue más grande,
que mi voluntad de educarme,
y ser un tipo normal,
que no puede ocultar,
mi gusto de amarte.

Seamos

Ya cansado de ser "yo",
me late tanto "seamos",
un tiempo,
mucho,
poco,
lo que dure,
efímero... eterno,
pero quiero vivirlo,
así, borracho de miel,
que hostigue,
curar en salud la soledad,
trascender el soñar,
implicando todo,
días contigo y sin mundo,
fronteras cerradas,
para tenernos con hambre de más,
olvidar lo que sobre,
tenerte y que me tengas,
caprichoso descubrir,
las caricias que esconde,
tu pudor superado...

Ejecutar los besos más lentos del planeta,
para acallar todo el apetito,
que tengamos guardado.

Engáñate

Adelante,
sigue fingiendo ya no amarme,
como si el afecto,
fuera una hoja seca,
que puede volar al aire.

Delatantes tus desplantes,
de mujer de mundo,
fingiendo no afectarte,
las paredes de tu alcoba son testigos,
aunque salgas con amigos,
y pierdas el control,
o por mi causa llores,
y culpes a otros dolores,
si las copas te traicionan,
y terminas la noche diciendo mi nombre.

La causa es que no olvidas,
cómo te puse entre algodones,
recordarás mis poemas,
y canciones que inspiraste y sentiste,
en tus días más felices,
alegorías de tus mejores momentos,
que tanto gozaste,
aunque me maldigas y difames,
no podrás engañarte.

Anda,
envía el mensaje,
reprimido en tu orgullo,

castrante,
sé sincera un día,
capaz que descanses,
primero que el tiempo,
al fin mi recuerdo,
termine de sepultarme.

¿Quién?

¿Quién soy yo para dar consejos?,
si me he arrastrado por el fango,
tragando lodo y desperdicios,
por buscar mariposas en el ático,
magnolias en el horno,
y manantiales en el desierto.

Si vendados mis ojos,
descubrieron,
los colores del negro espectro,
mis labios mamaron pezones,
erosionados por despecho,
y mi falta de tacto,
mató relaciones forzadas con afecto.

¿Quién soy yo para dar consejos?,
si amé sin medida,
buscando en un corazón que no latía,
debería saber quién soy,
sin embargo,
no lo sé todavía.

A pesar de todo,
le apuesto a encontrar amor,
el amor de mi vida...

Llanto

Te vi llorar de amor,
como si sufrieras,
como si un desgarro en tus adentros,
rompiera tu pecho,
llanto abierto,
tus labios diciendo,
te quiero,
y el amor,
brotando en la saliva,
que untaste en mi cuerpo,
como una gata curando heridas.

Me inoculo de tanto cariño,
contagiaste tu llorar,
para,
lentamente,
deletrear el amor,
fue como reír de dicha,
en la humedad de las lágrimas,
la risa fue por dentro,
cálida y fuerte,
saló nuestros besos desesperados,
queriendo tragarnos,
como si fuera la última cena,
antes de mi partida.

Ojos/Luz

¿Qué sería del mundo sin el color de tus ojos?

El túnel al centro del universo,
sería clausurado,
y las estrellas,
¿a quién copiarían su brillo?

La sed no tendría sentido,
¿dónde lavaría mis penas?,
¿quién vería el mundo por mí?

Sin faro,
no tendría resguardo mi nave,
y a la deriva,
en un sol que no iluminaría,
mi fe de lo eterno decaería,
a merced del viento,
los pájaros,
el vuelo sin norte los perdería.

Pero el pesimista murió ayer,
y hoy celebro,
tener para mí las joyas que Nefertiti,
dormida una madrugada,
en el Nilo extravió,
quizá, tan sólo para que la vida,
se inunde de luz y color.

Carta

No lo sabrás nunca,
aquí en mi carta fallida,
quedará claro que eres tú,
el motivo de mis desvelos,
que viajo a diario al mismo infierno,
cuando,
irremediablemente,
tropiezo con tu morada,
sólo animado por verte de lejos,
tanto como tu vida,
acomodaticia,
de mi precario estado.

Después,
volveré a romper mil veces,
la misma carta,
escrita entre sal y hierro,
desangrando mis ojos,
con astillas lacerantes,
clavadas por tu desprecio.

En esta suerte de masoquismo degenerado,
sabiéndote con vida,
alegre te procuro,
esperando el milagro que,
un día,
regreses a mi lado,
así,
como las olas que se fueron, lejos,
y un día,

volvieron,
a la bahía del amor,
arrastrando perlas y conchas,
que guardé,
para adornar tu pecho,
el día de tu retorno.

Red

El paladín del amor,
el monarca de la conquista,
quien no quiso sino beber,
el néctar de cada flor.

Hoy sinsabores padece,
mira que esa mujer,
la medida le tiene,
y hasta jacta de darle de comer,
cuando quiere.

¡Carajos!,
¿qué me pasa?,
me siento mariposa en una red,
pero, lo bendigo,
quiero pertenecer a su ombligo,
circundar su vientre,
sin más que para reclamar la tierra prometida,
que se perdió en mi cruzada,
cuando el amor hizo estragos,
añicos el corazón duro,
que no sintió la sangre a galope,
agolpándose en las venas.

Nunca...

Y vienes tú,
como si nada,
y te apropias de todos mis malos sentidos,
y borras de mi lista la pedantería,

y me haces cordero,
al punto mismo de querer,
que nunca otros ojos veas,
y les beses,
y dediques escritos matutinos.

Por Dios,
si eres humana,
no me hagas pagar mi pasado tormentoso,
mejor,
arropa mi cuerpo,
dale el sustento que sólo tú puedes...

Inúndame con el licor de tu gozo.

Viento

Las palabras se las lleva el viento,
pero aire también es aliento,
y tus promesas,
vertidas en sonidos,
viajaron con él,
se instalaron en lo profundo de mi pecho,
como dagas de doble filo,
abrieron una senda entre la carne,
y se sembraron con el tiempo.

Germinadas,
explotaron en melodías,
que, a su ritmo,
me mantienen cauto.

Ahora,
sordo,
lerdo,
profano,
te encuentro en cada luz,
en todos los colores,
de los jardines de la ciudad,
madrugando,
en el olor después de la lluvia,
de la mano con la nostalgia,
que guardo cerca de mi almohada,
grito,
abriendo mi garganta,
repitiendo:
¡te amo!

El viento que es mi amigo,
ojalá encuentre también tu aliento,
vuela viento,
sopla,
encuéntrala,
como lo hiciste conmigo,
así,
estaremos a mano.

Prohibida

Nos delatan tanto ya las miradas,
que temo, un día,
no seguir disimulando,
lo que mis pupilas dicen gritando.

El placer que no conmisera,
ante tu cercanía peligrosa,
es una corona de espinas,
tú, trepada en un pedestal,
de la fuente de los cuerpos eternos.

Mi destino nunca te alcanzaría,
pero tú, desciendes,
bondadosa,
cada día,
a la altura de mi pretina,
y desatas el pandemónium,
junto a tu temperamento,
como lava,
irritas todos los sentidos,
que, agazapados,
como gárgolas esperaron,
y refutan el letargo,
ante la orgia de placer,
que uno a uno nos brindamos.

Prohibido,
indecente,
condescendiente,
porque tarde coincidimos,

puro,
limpio,
blanco,
si Eros nos abraza,
para empatarnos.

Así,
no serás para mí nunca prohibida,
aunque ante el mundo actuemos,
porque así conviene...

Ser un par de extraños.

Hoy

¿Has pensado qué viene después?

¿Qué será de los calores que no respetaron el invierno?

¿Cómo serán las noches que ahora no nos alcanzan?

Será distinto...

Pero,
¿sabes?,
has logrado trascender el instinto,
de quererte sólo por gozar de tu piel,
seguro el placer estará también,
después,
en los tragos del té,
en cargar la canasta del mercado,
y hasta en los paseos con el perro.

Pero hoy,
celebremos los antojos,
y la forma que florecen tus labios,
para crear maravillas inconfesables,
tras la puerta cerrada,
haces crecer tanto el cariño,
y sucumbes,
ante el placer de nuestros vicios,
para que nuestros sentidos,
inmersos en torbellinos,
no pidan más,
antes de terminar juntos, dormidos.

Estepario

Otra vez,
en la estepa árida que incinera la piel,
respirando calor,
que intenta fusionar el suelo con el cielo.

Los lobos siempre regresan,
jadeantes,
dando los pasos,
en constante pasmosidad,
ya, la lengua seca,
fuera de las fauces,
y los ojos clavados al poniente borroso,
de vapores pervertidos.

Llevan heridas la piel y el alma,
rasgada de colmillos la cara,
sabiendo una presa,
dará cuenta de su instinto.

Sin miramientos,
pronto ya, sin jauría,
con más peleas invictas que antaño,
con la aguda mirada de ojos quemantes,
serenos y lacerantes,
como cuchillo de furioso filo.

Impondrá su reino,
en reclamo estepario,
este lobo hambriento,
que transita solo.

Hoy, ignorando el final,
que vendrá como a todos,
en la última pelea...

Porque éste siempre,
irremediablemente,
llega.

Faro

Lo pensaste mucho,
y el tiempo transcurrió,
infame,
deteriorando las ilusiones,
que me llevarían a tu lado,
sin embargo,
tu silente actitud sin brújula,
alejó el faro del destino,
y burlamos las ganas mutuas,
como si la vida fuera eterna.

Dudaste y no hice mucho,
hoy reniego reprochándome,
tan sólo imaginando,
que mi soledad no existe,
mientras tú me sigas recordando.

Ganar o perder

Ganar ganar,
aun cuando te perdí gané,
¿qué hará olvidar?,
en las nubes caminé,
y de un jalón,
también a ti te subí,
recordarás,
o no lo harás,
pero en el momento de la entrega,
exagerada,
complacida,
vi tu rostro,
que no olvidaré.

No, no,
no olvidaré por nada,
aferrarte con la lealtad,
de la manera que fuiste,
sería lo más honesto,
si la perfidia te gana,
allá tú,
porque, entonces,
perderás lo que ganamos.

Si así lo es,
que te perdone Dios.

Estepario

Para su composición se utilizó fuente Georgia
de 10, 11 y 24 puntos

Obra de la portada

Antonio Flores Jiménez

Diagramación y cuidado de la edición

José Obdulio Valdez Amezcua

www.ingramcontent.com/pod-product-compliance
Lightning Source LLC
Chambersburg PA
CBHW051254250726
48656CB00004B/1284
9798303571525